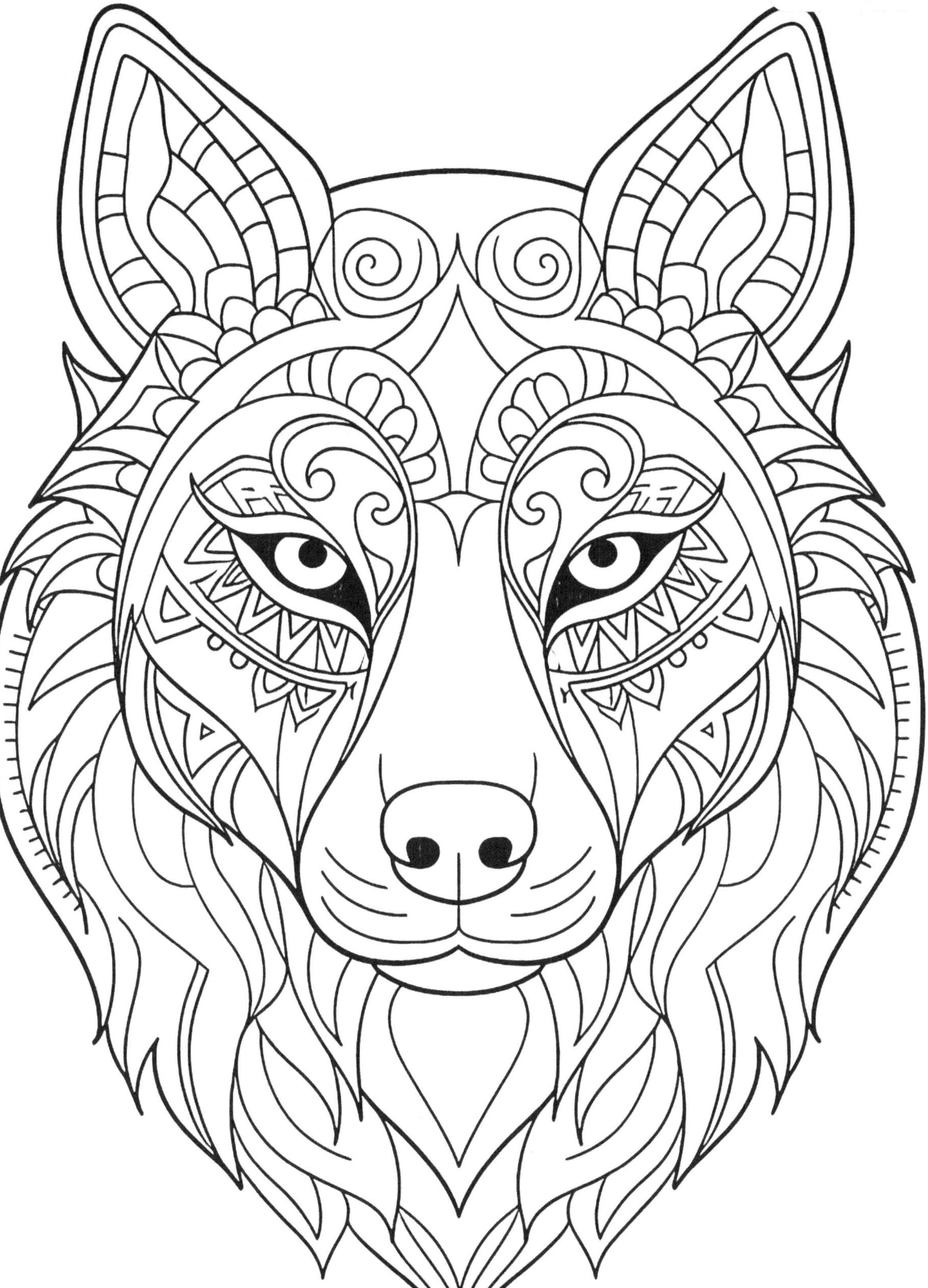

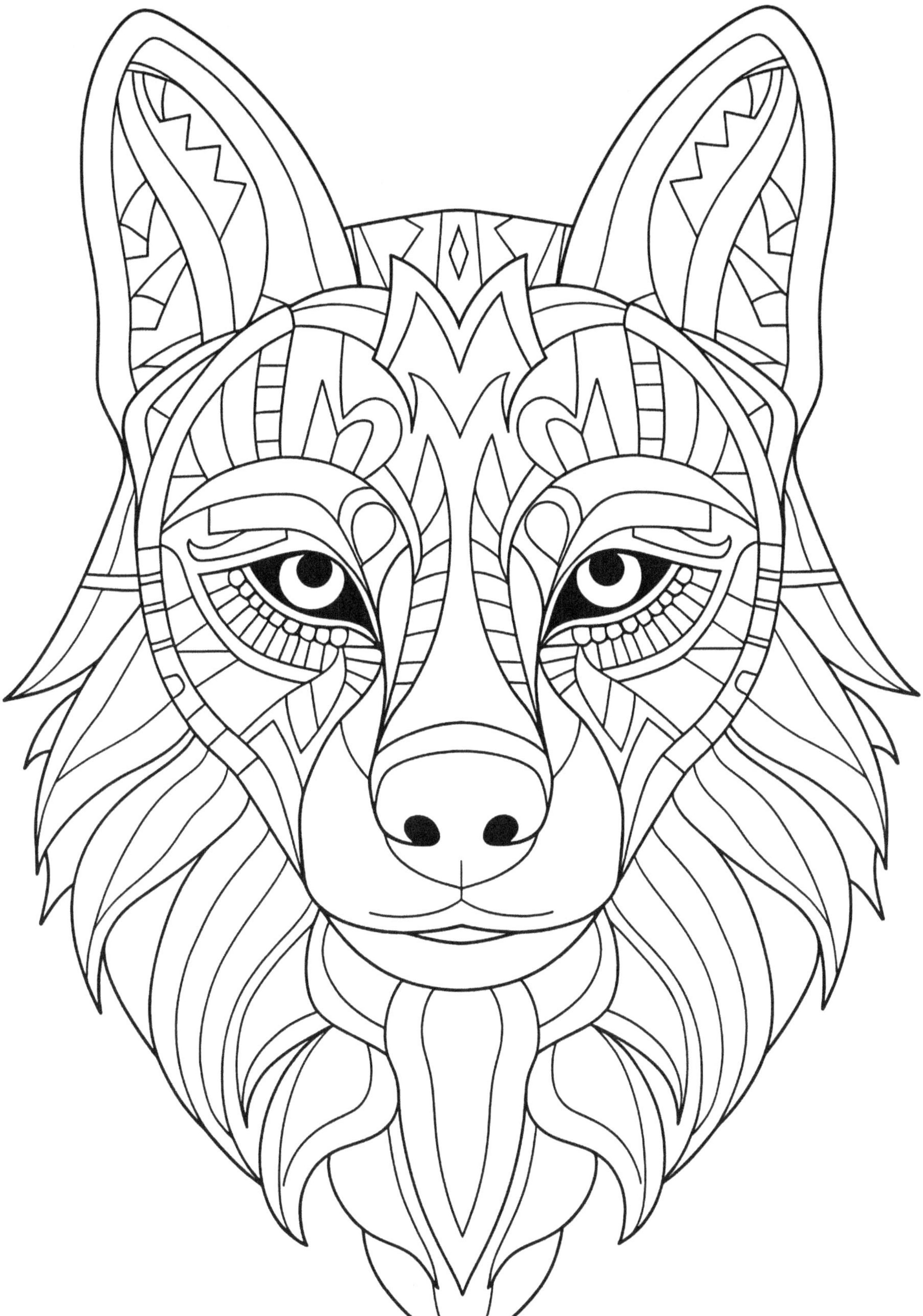

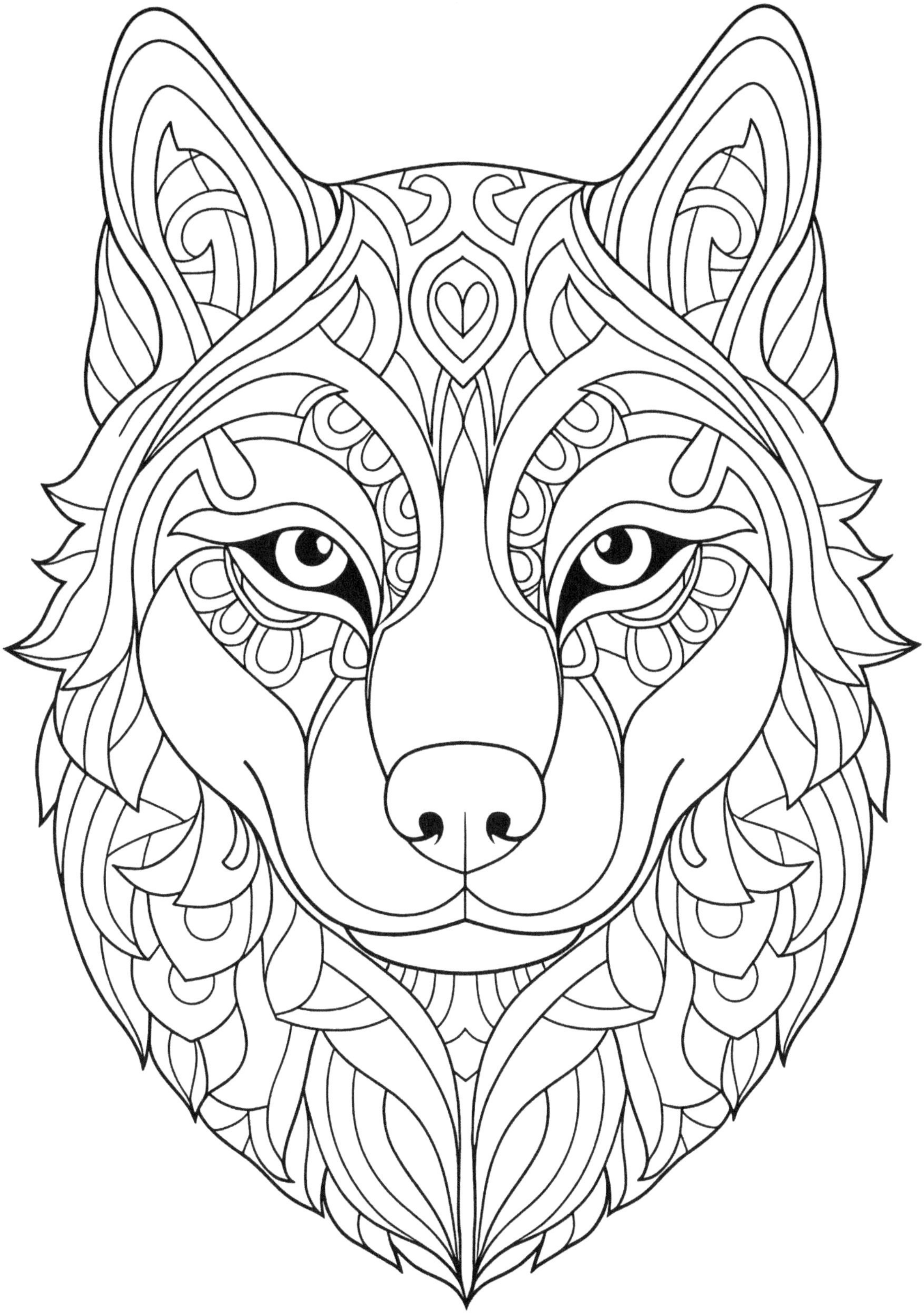

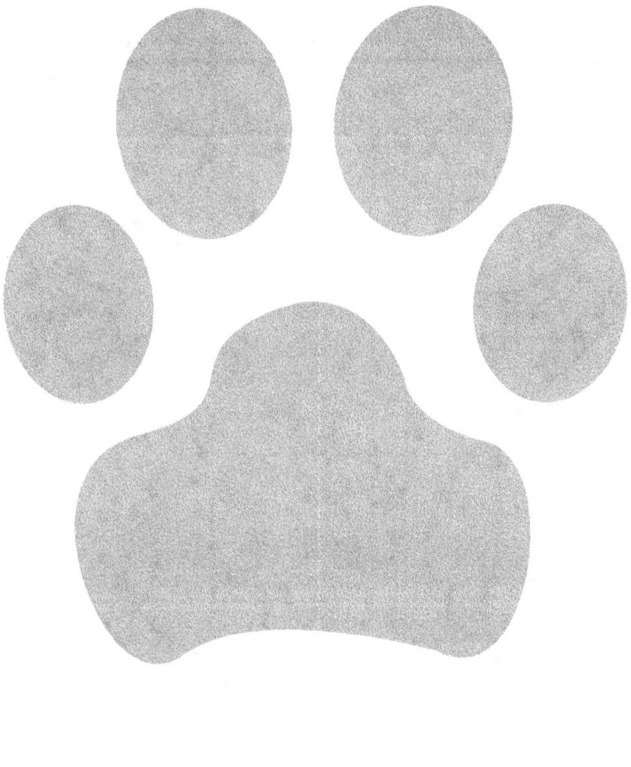

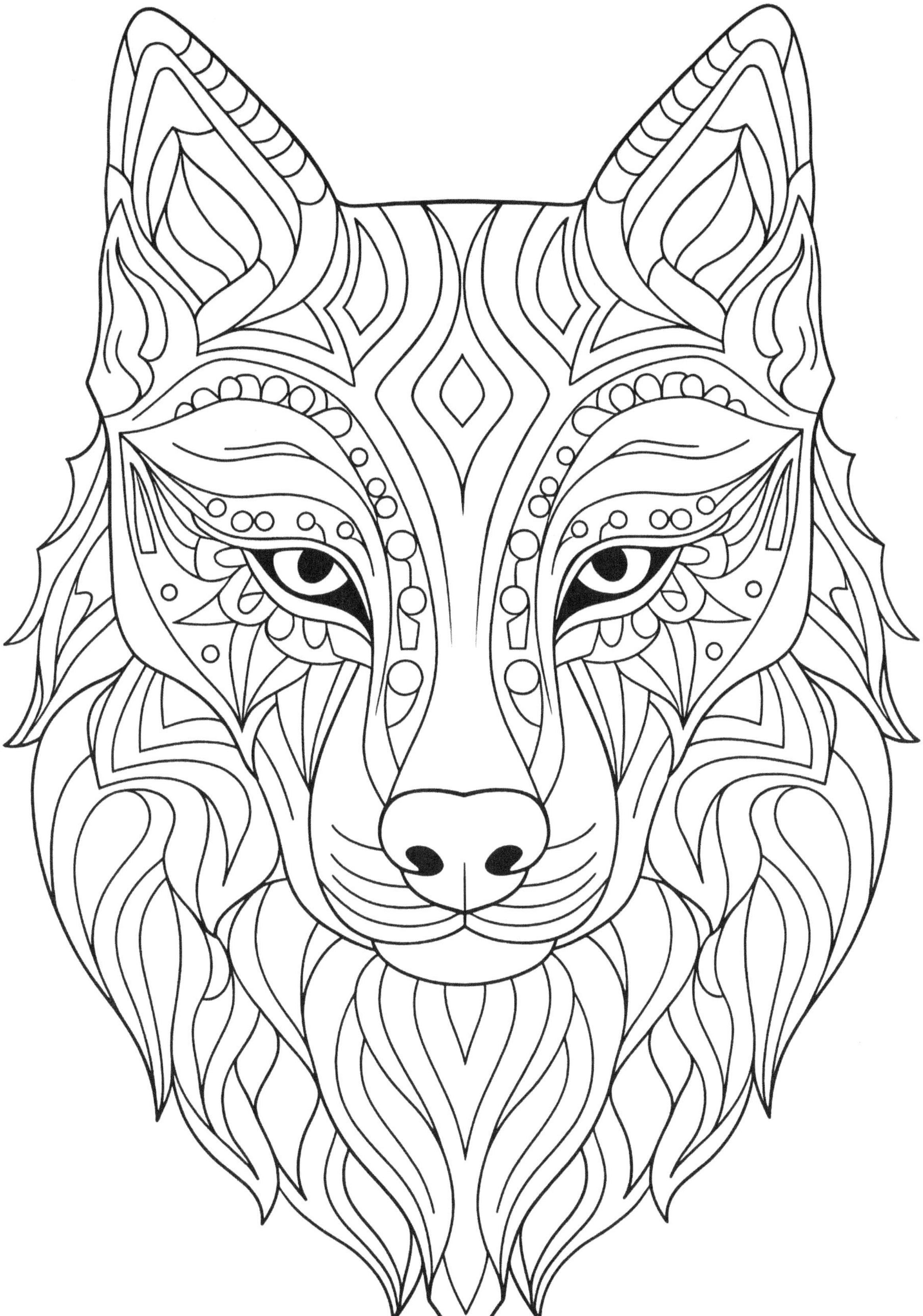

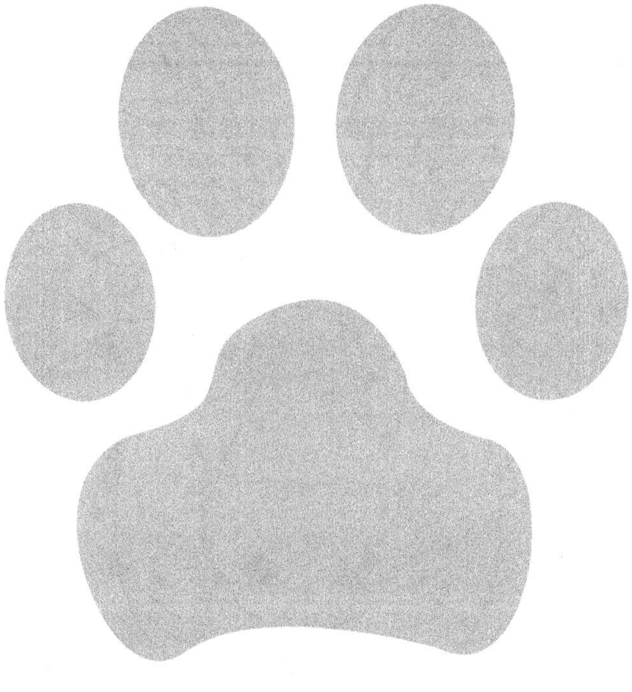

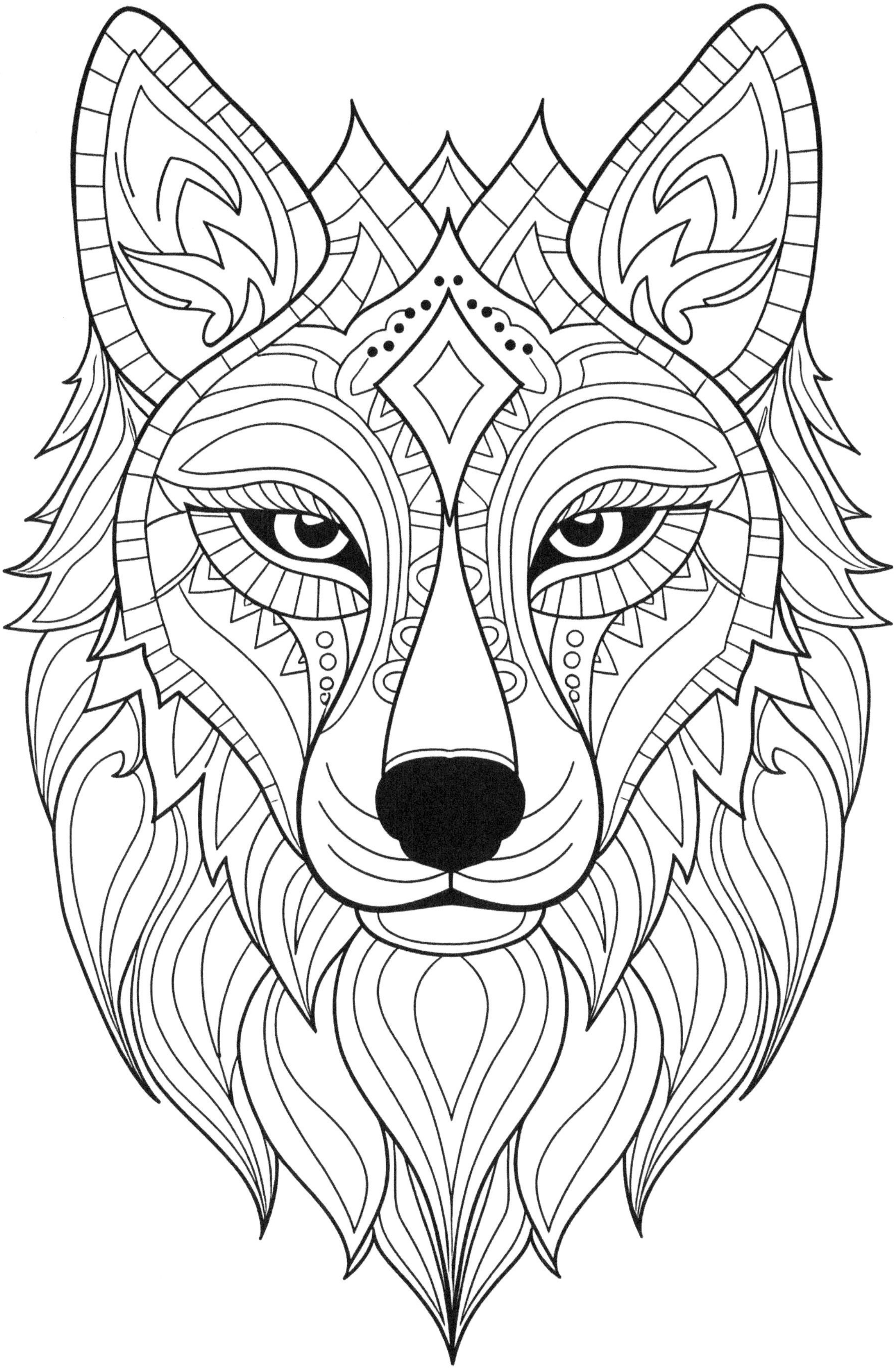

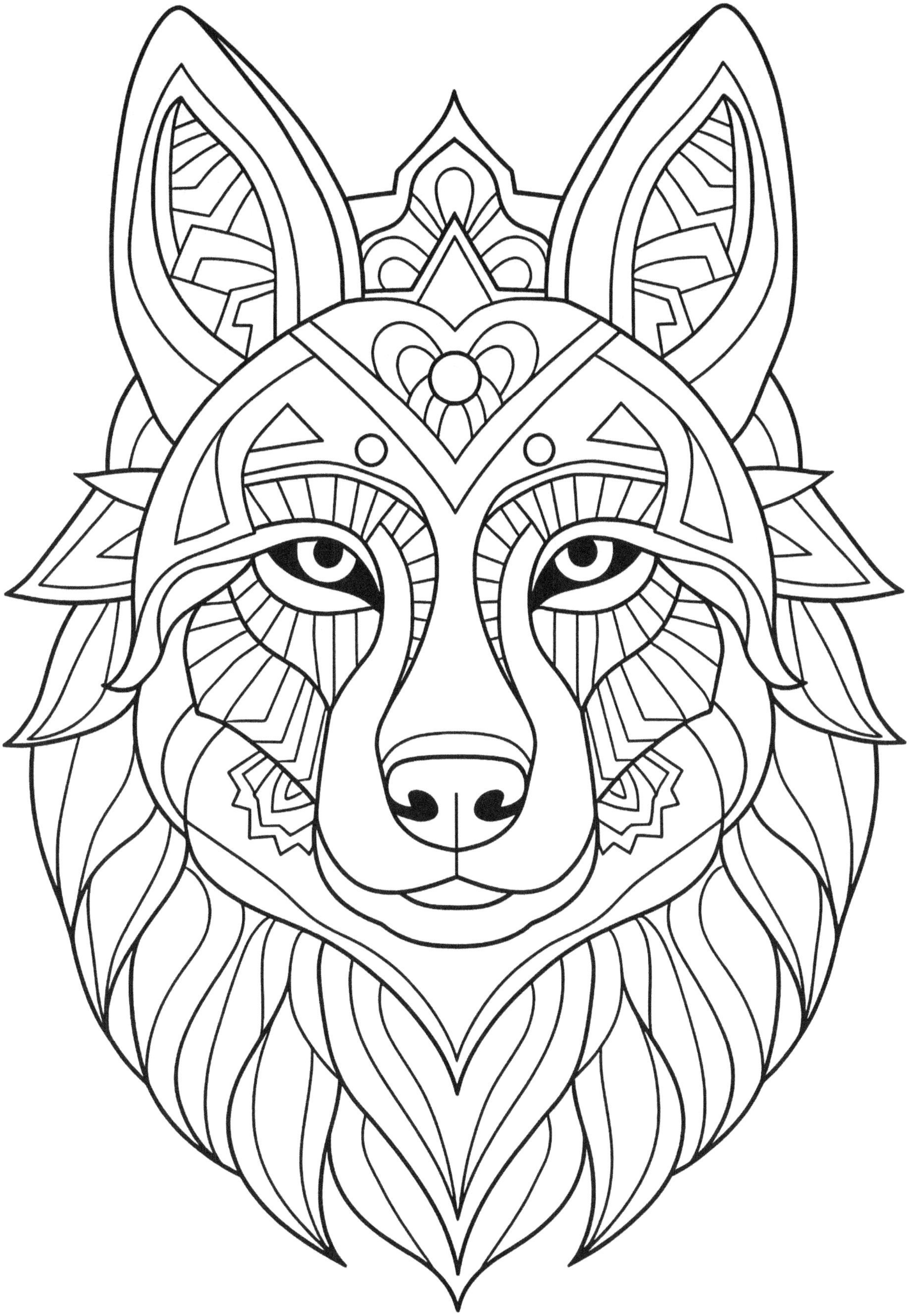

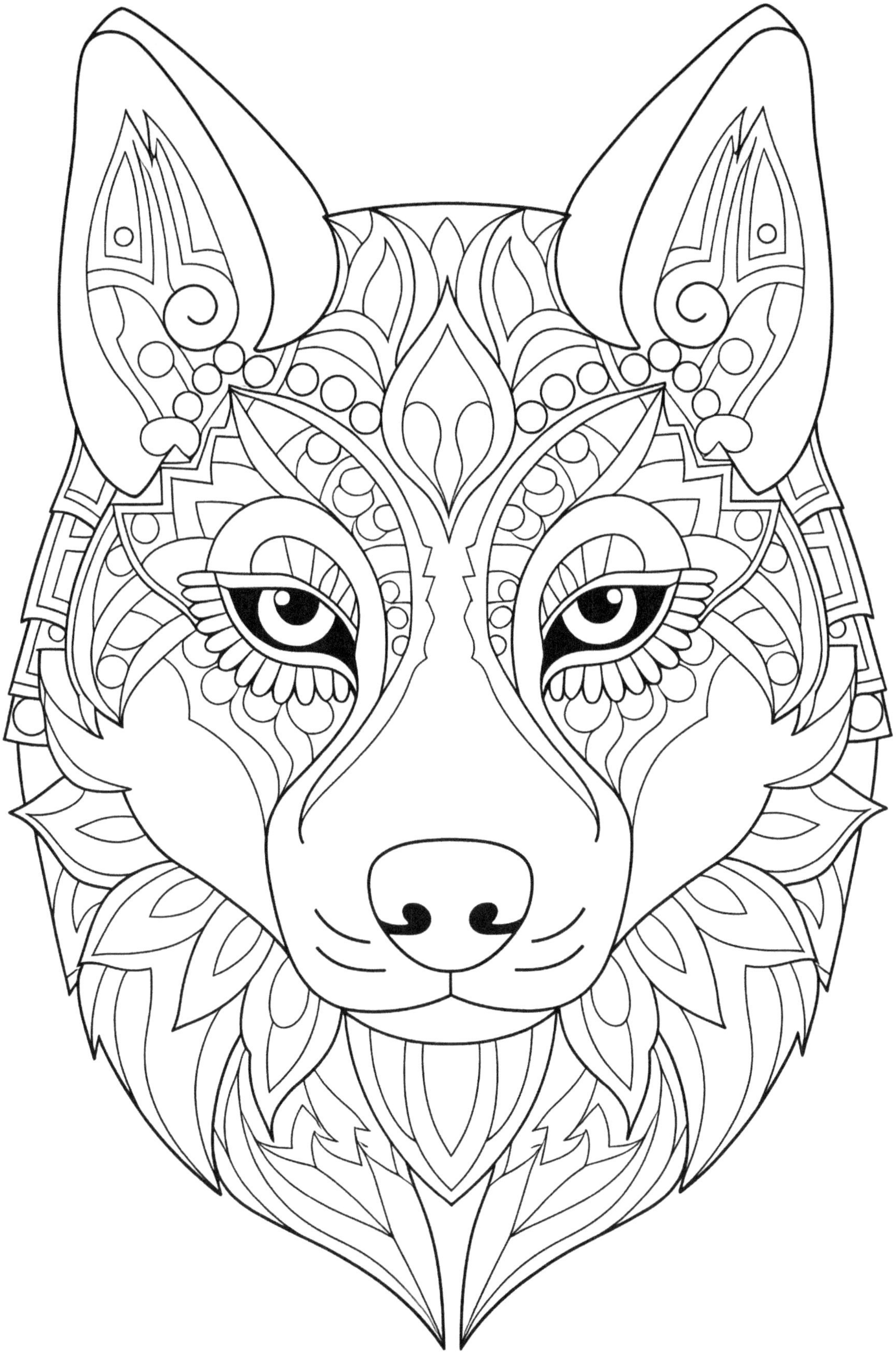

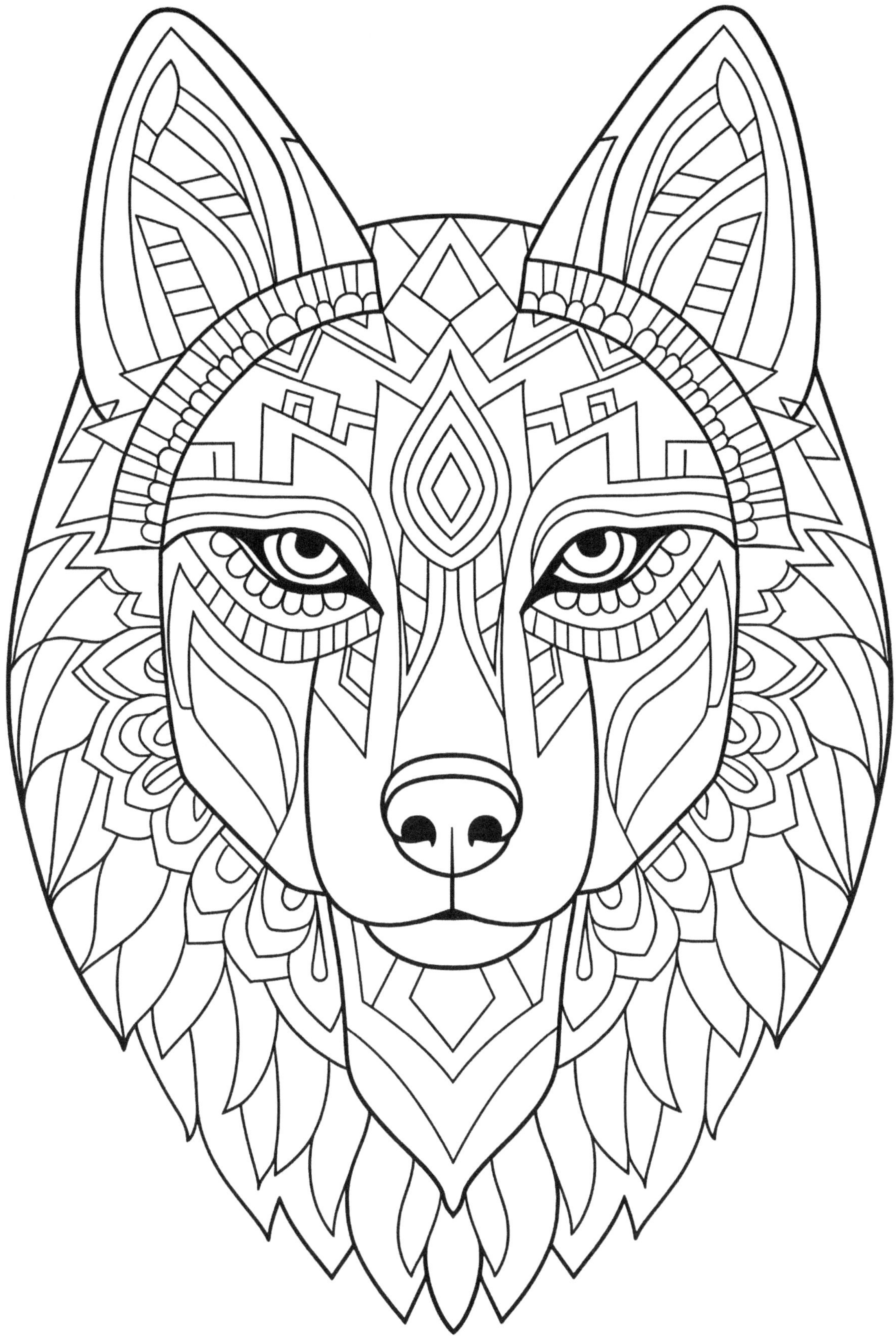

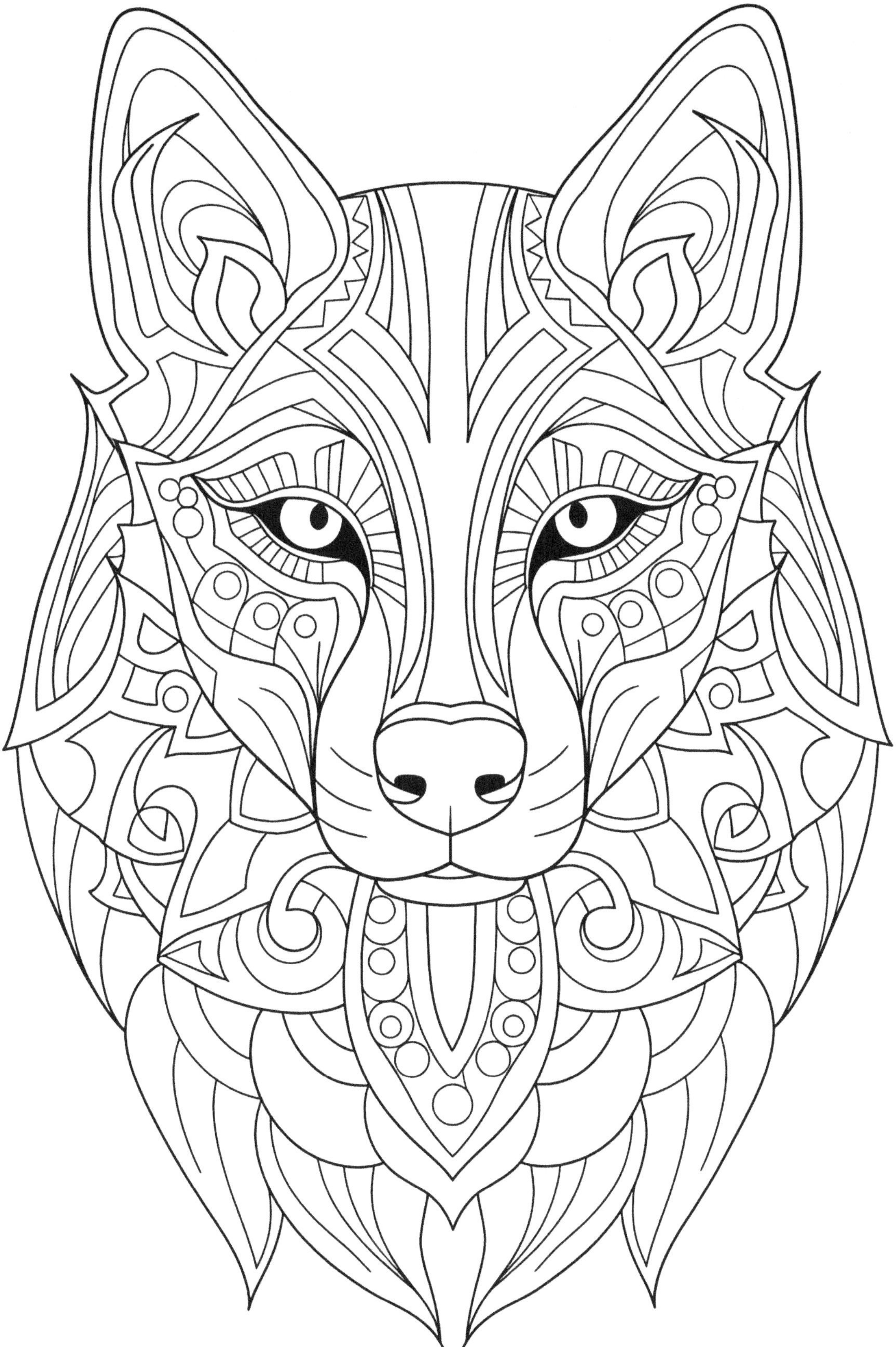

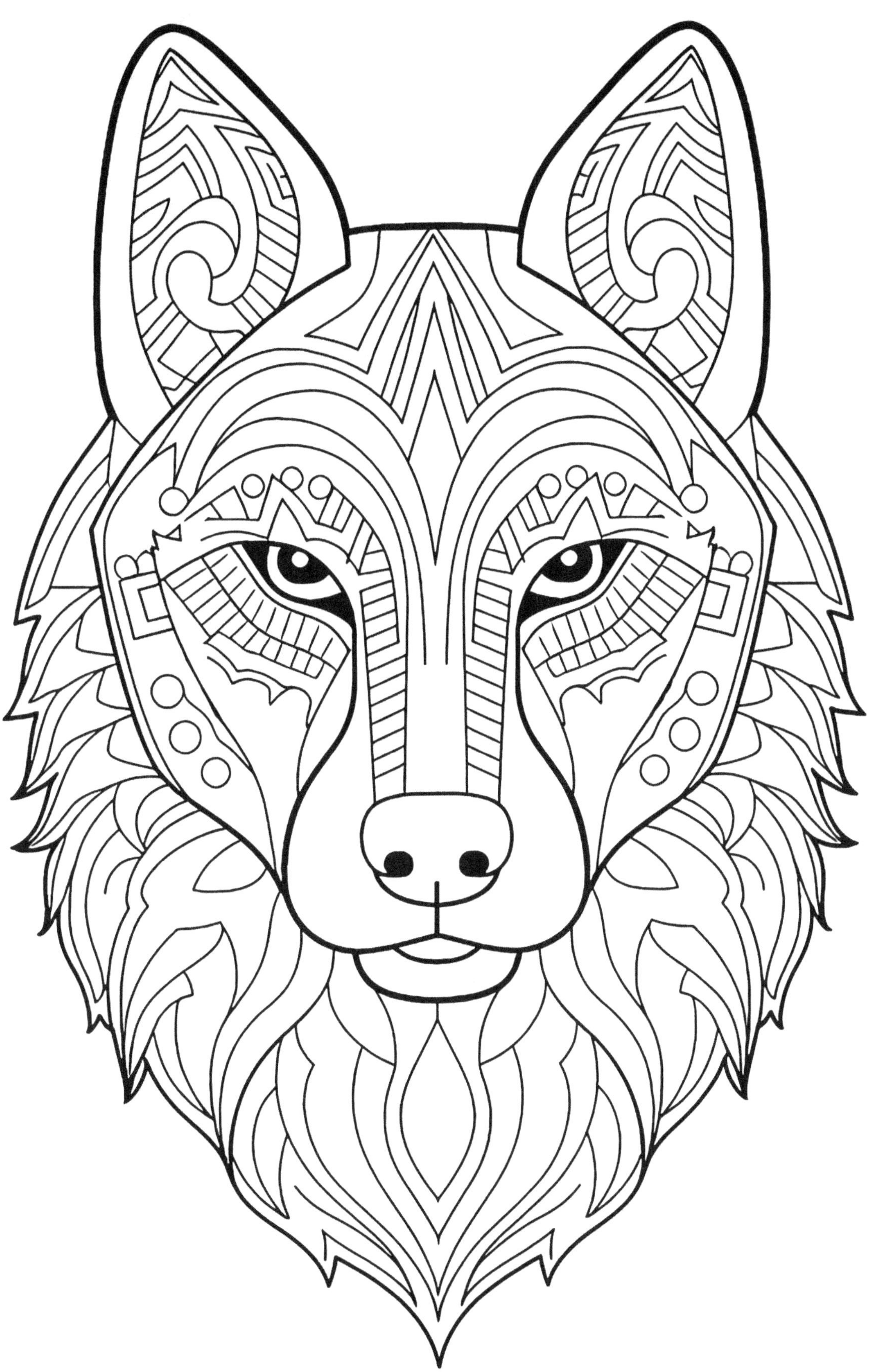

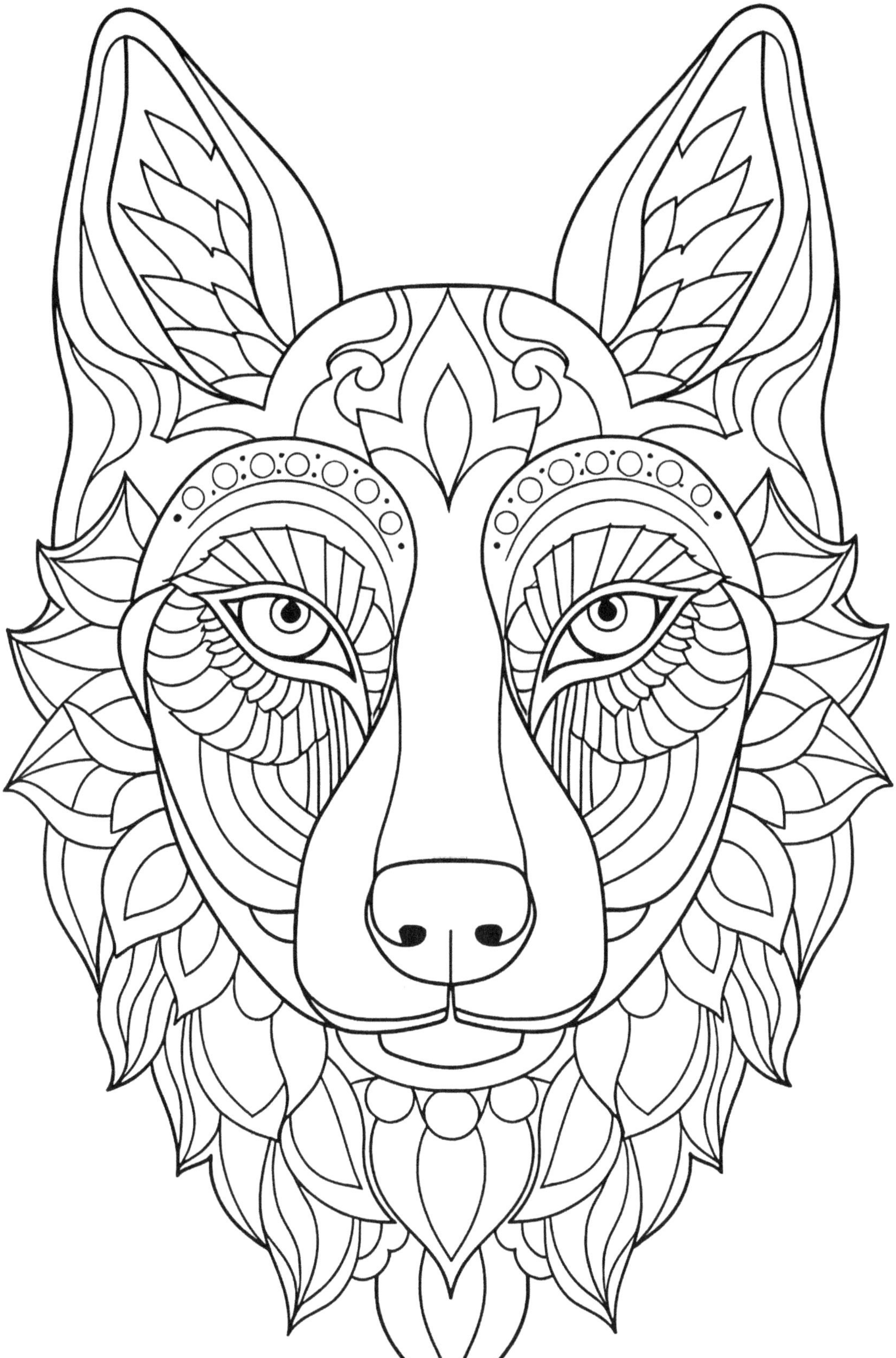

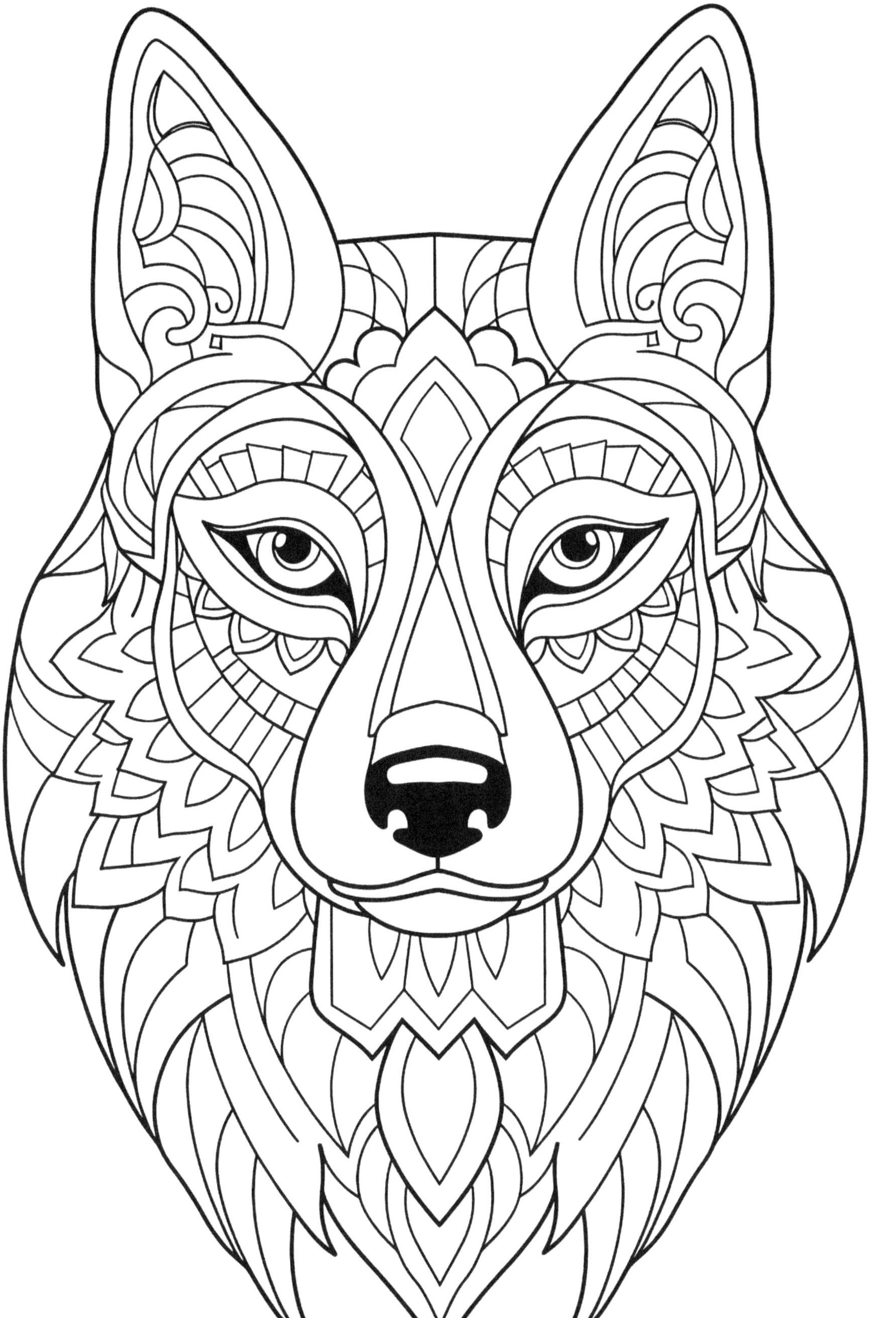

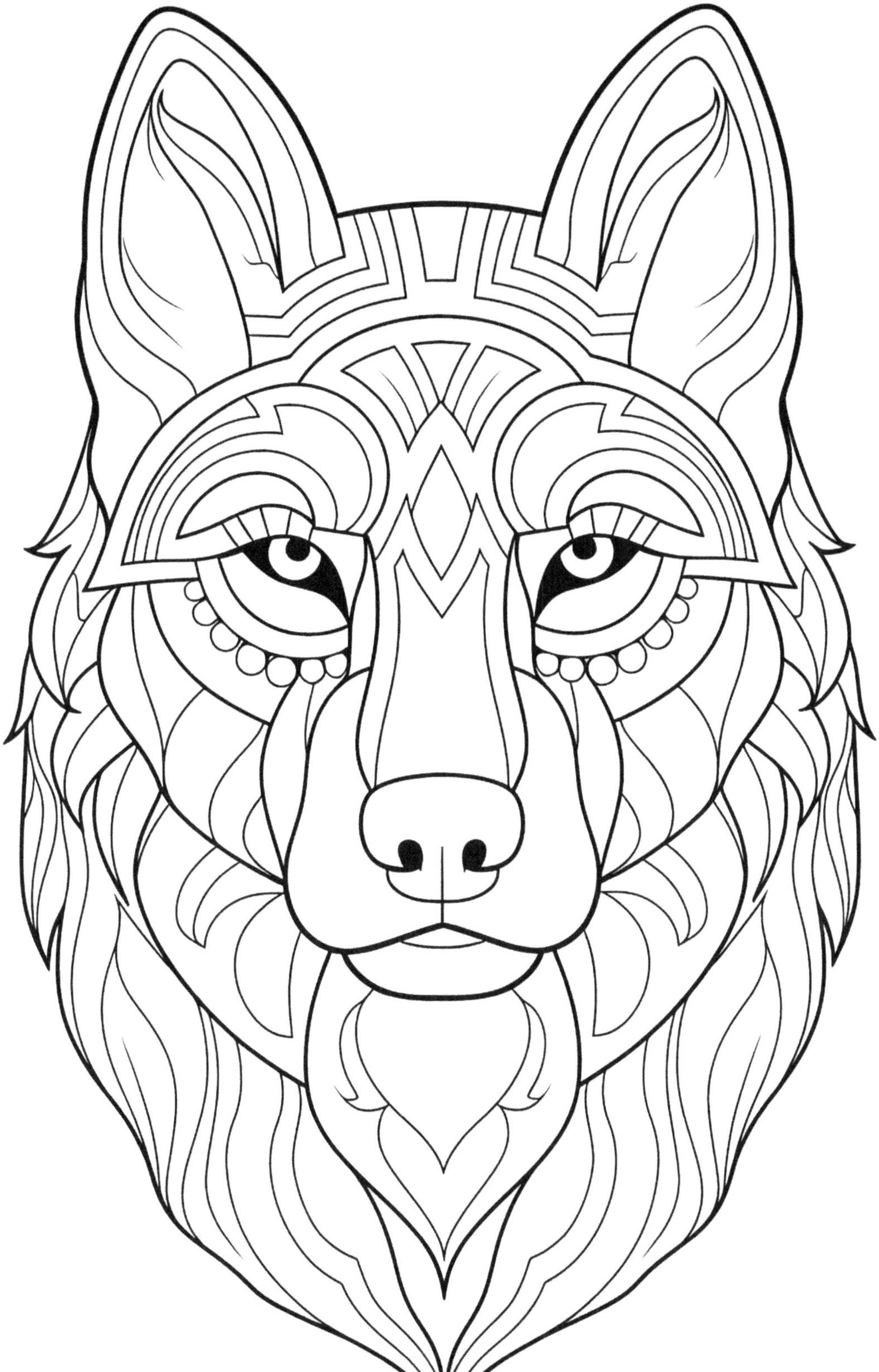

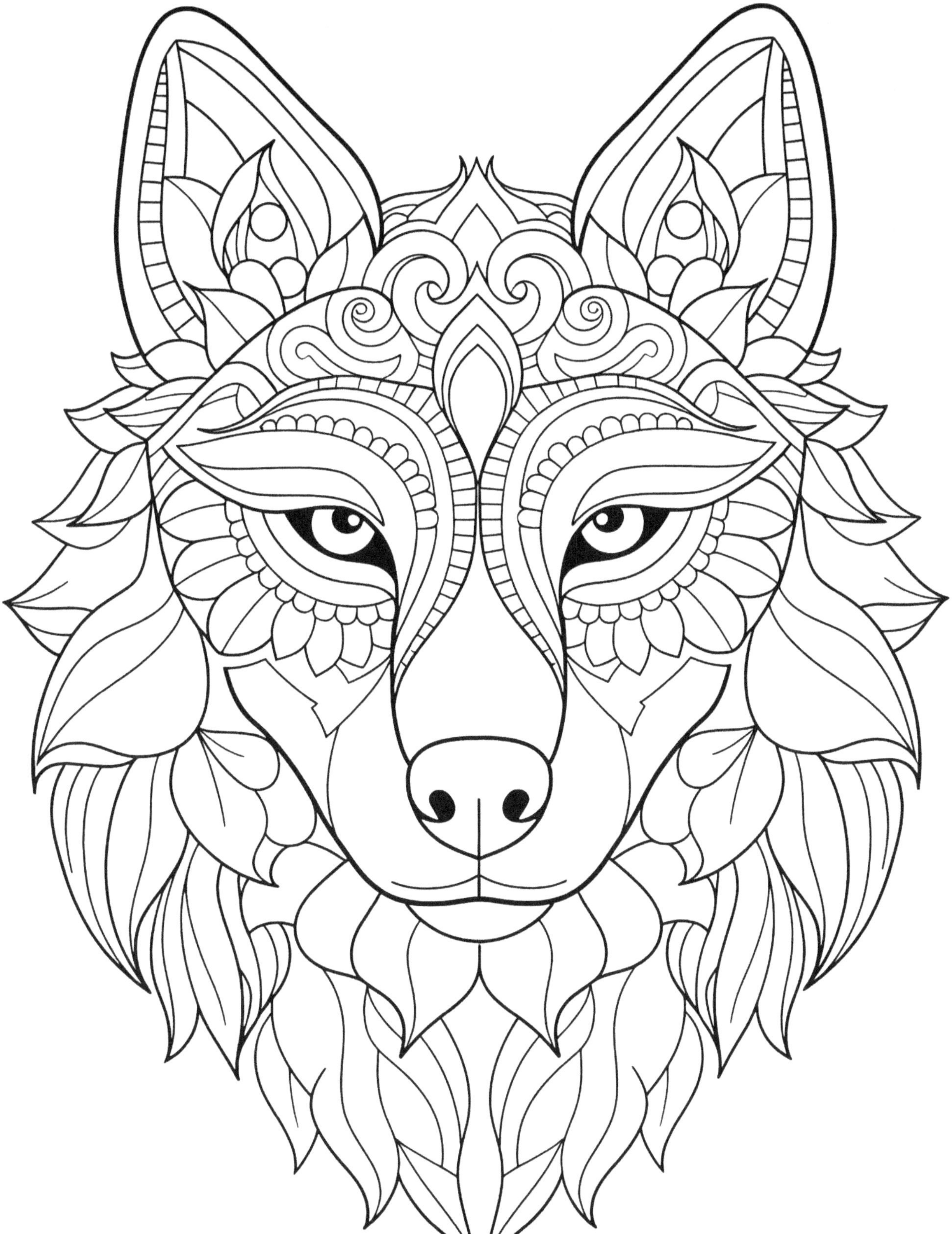

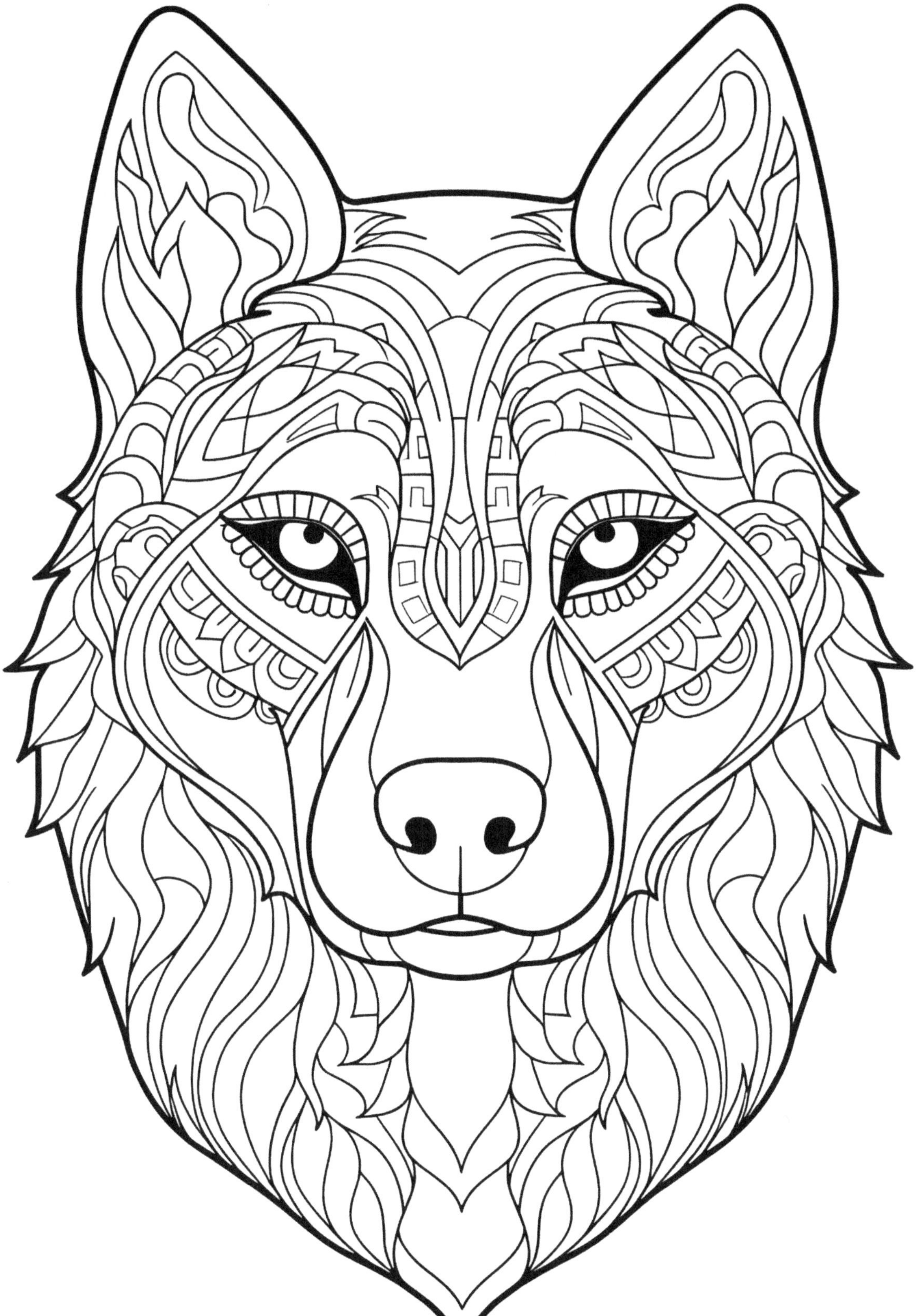

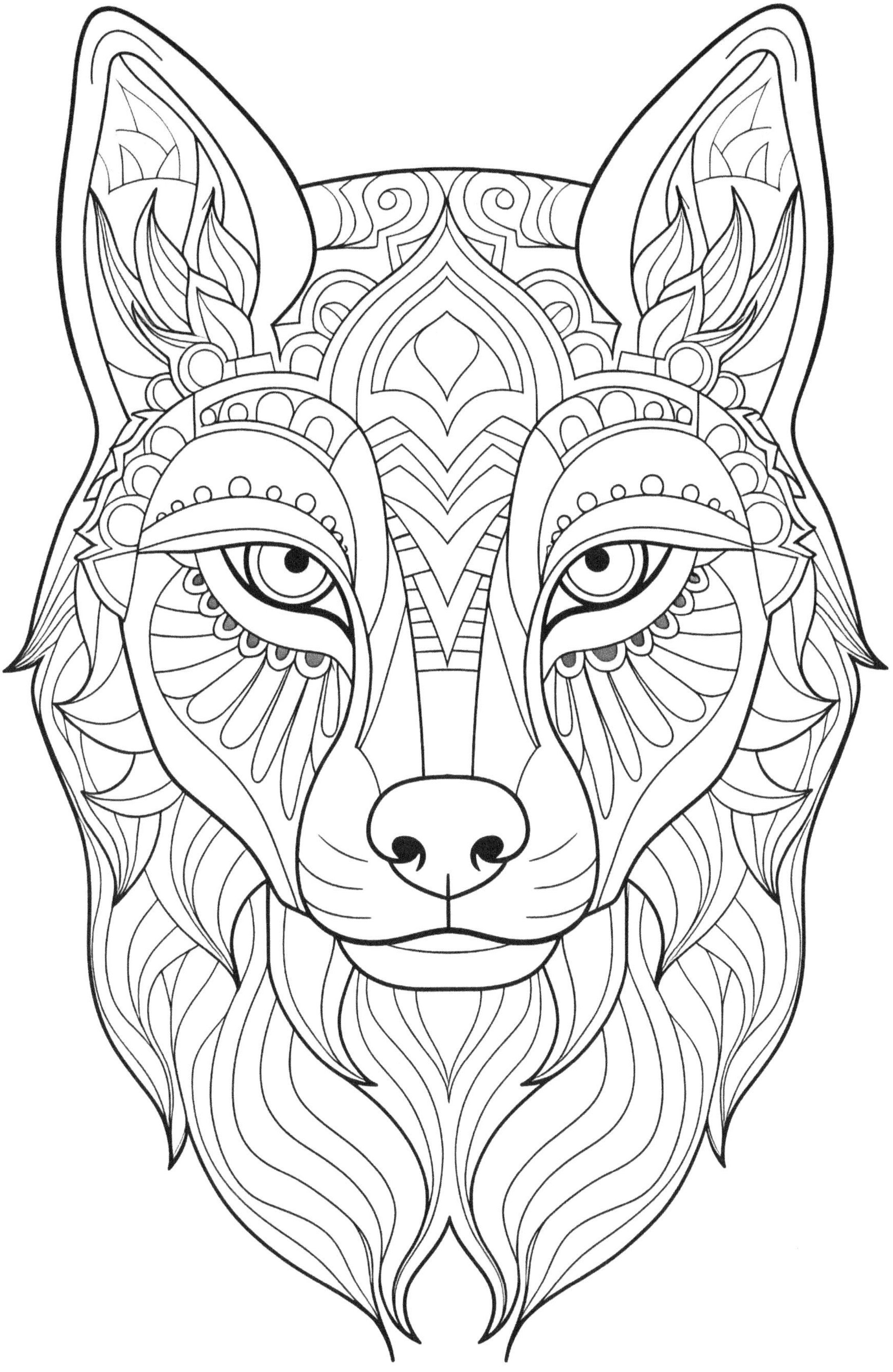

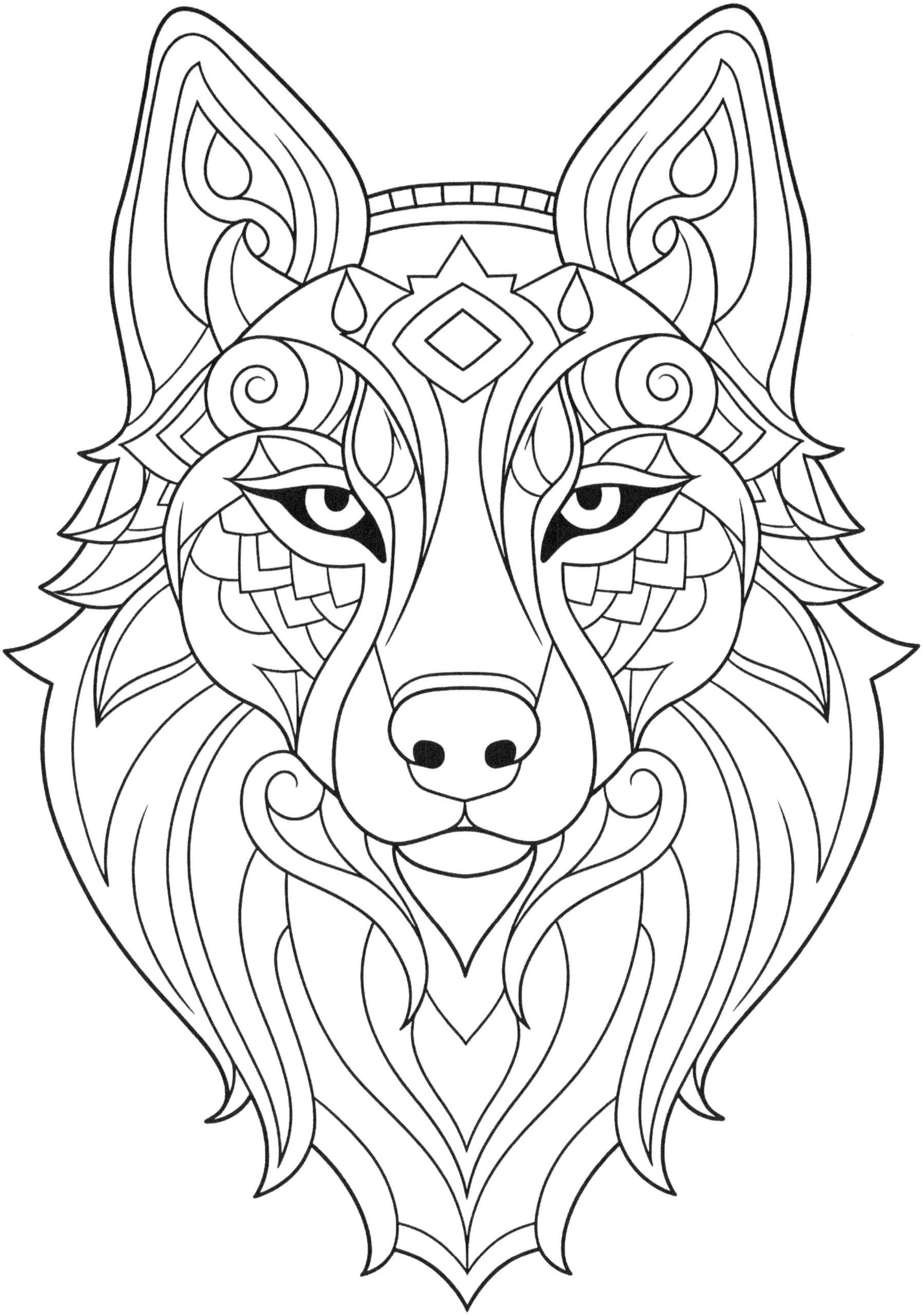

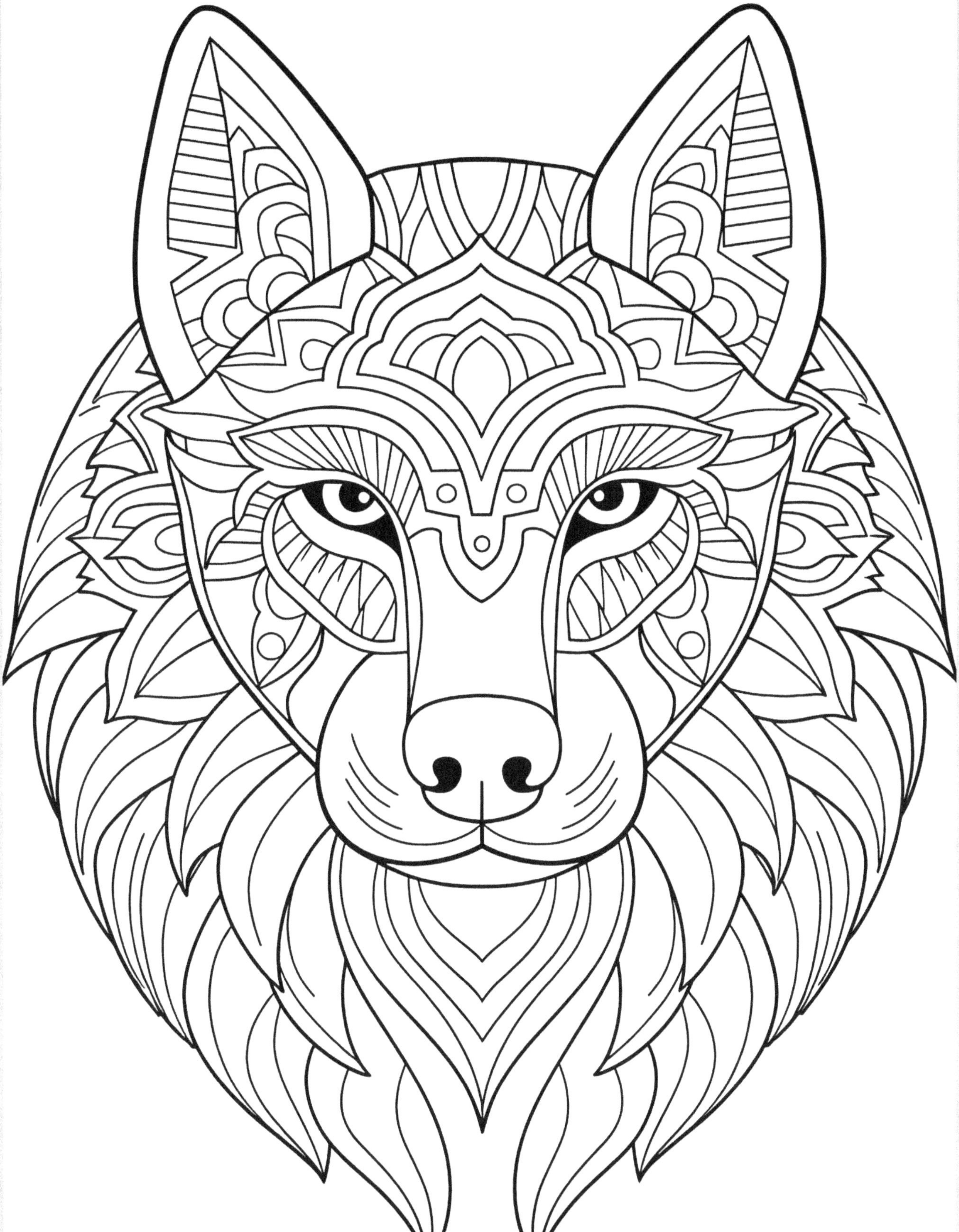

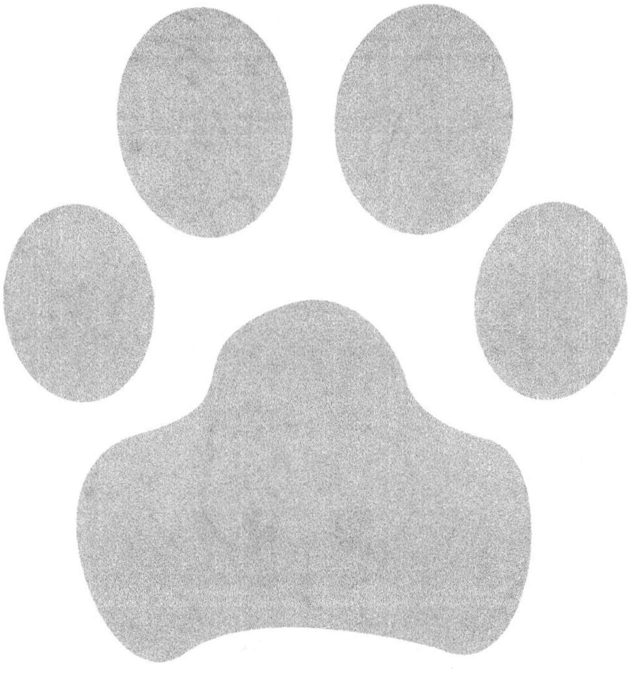

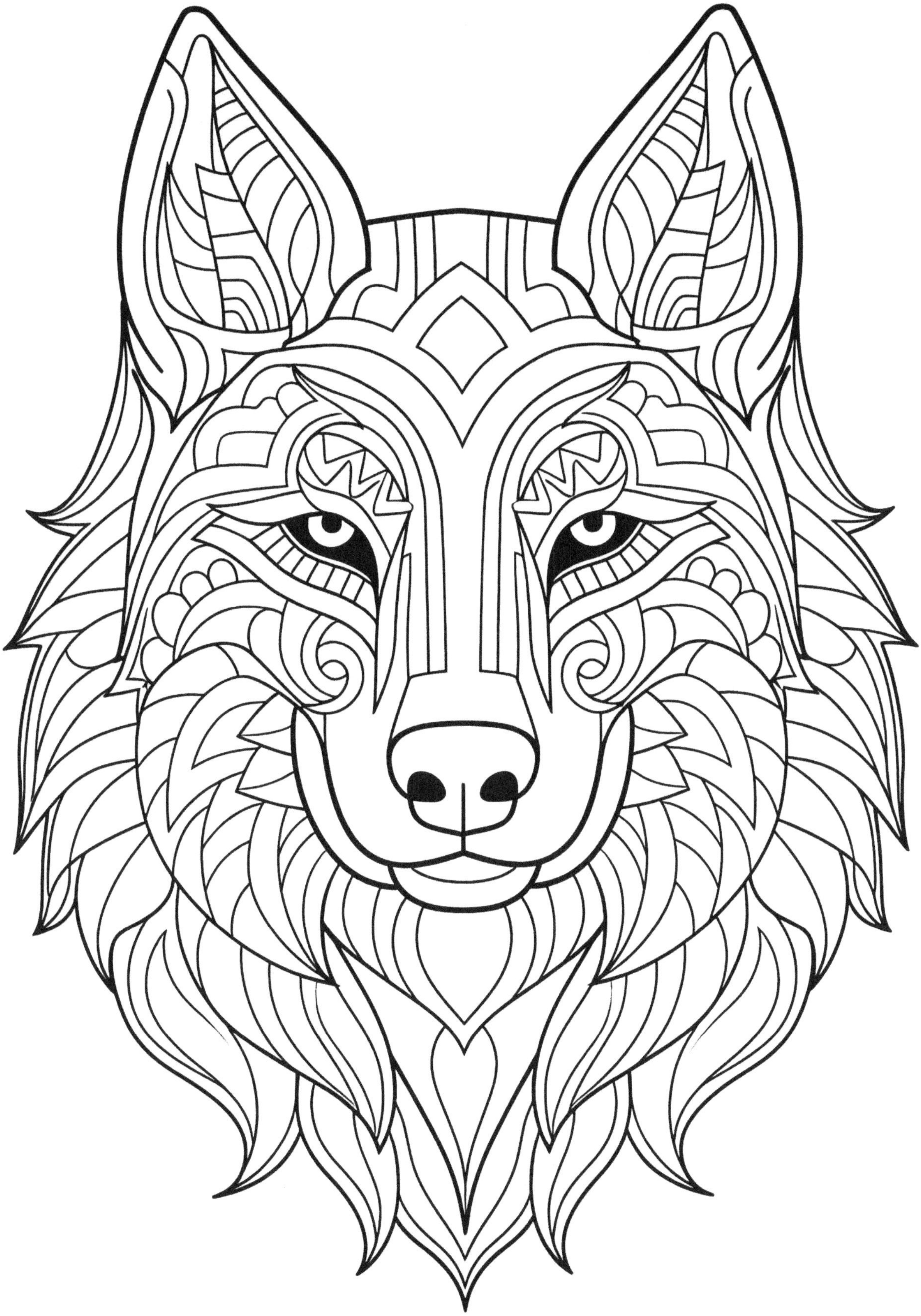

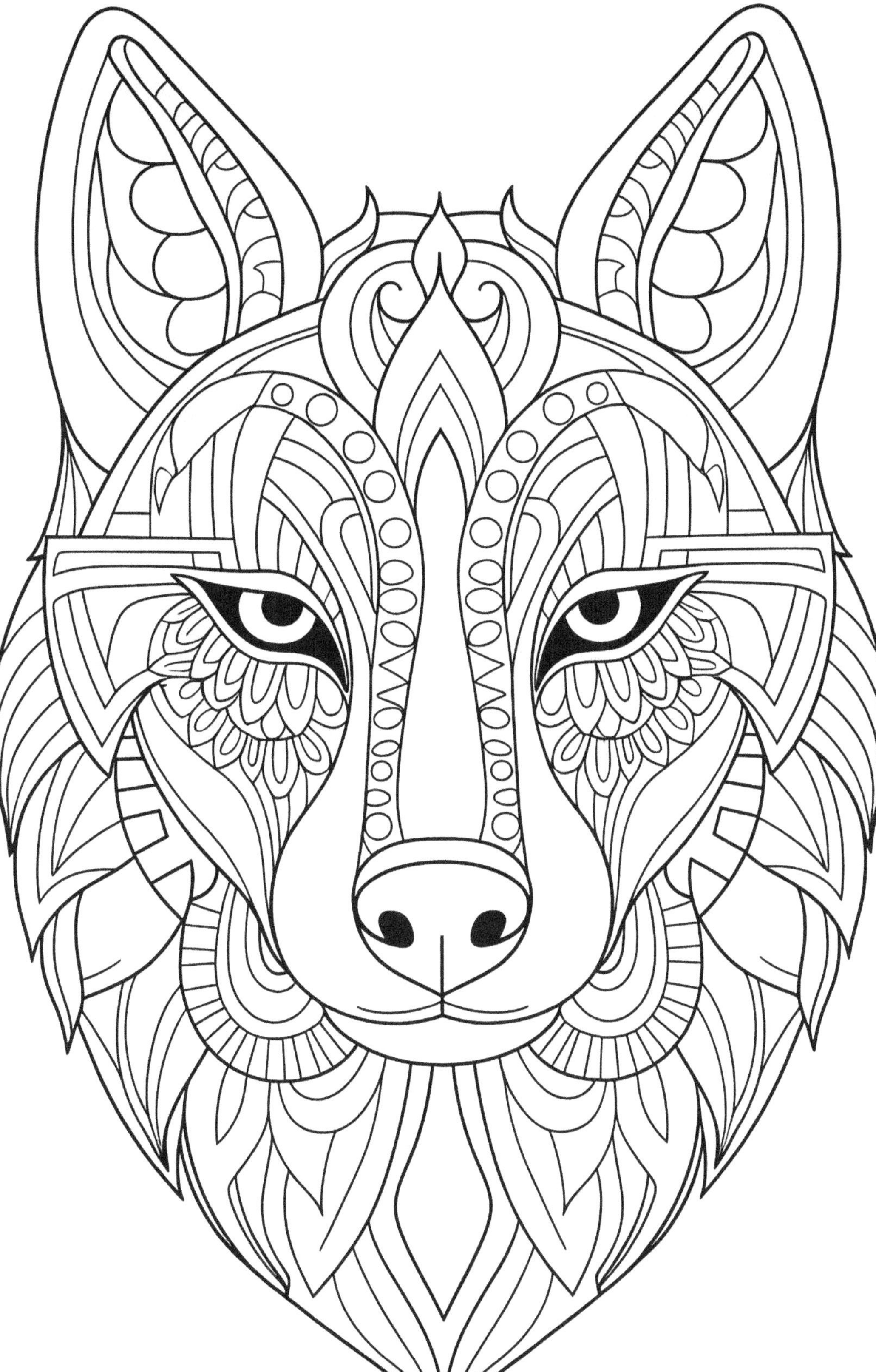

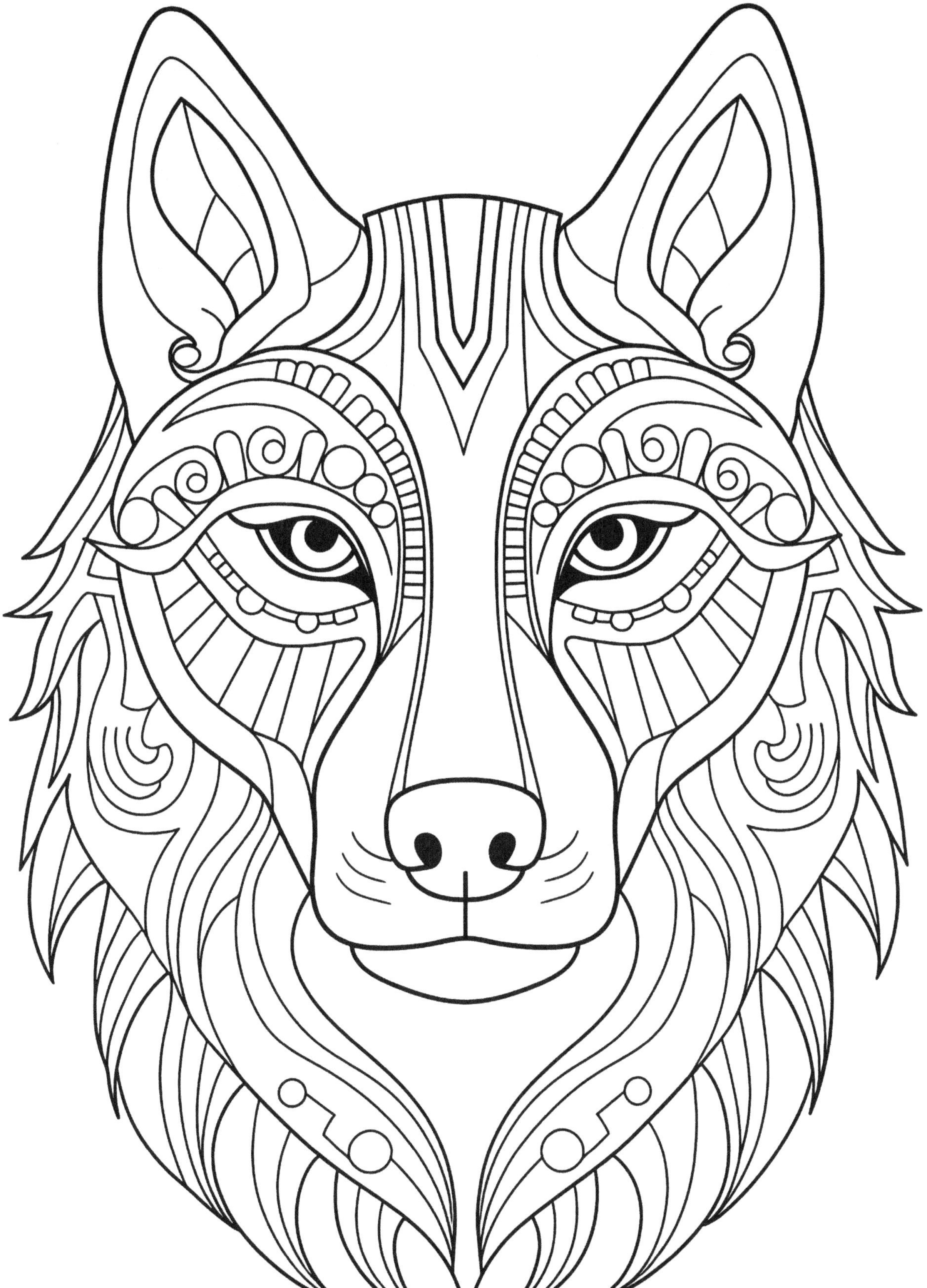

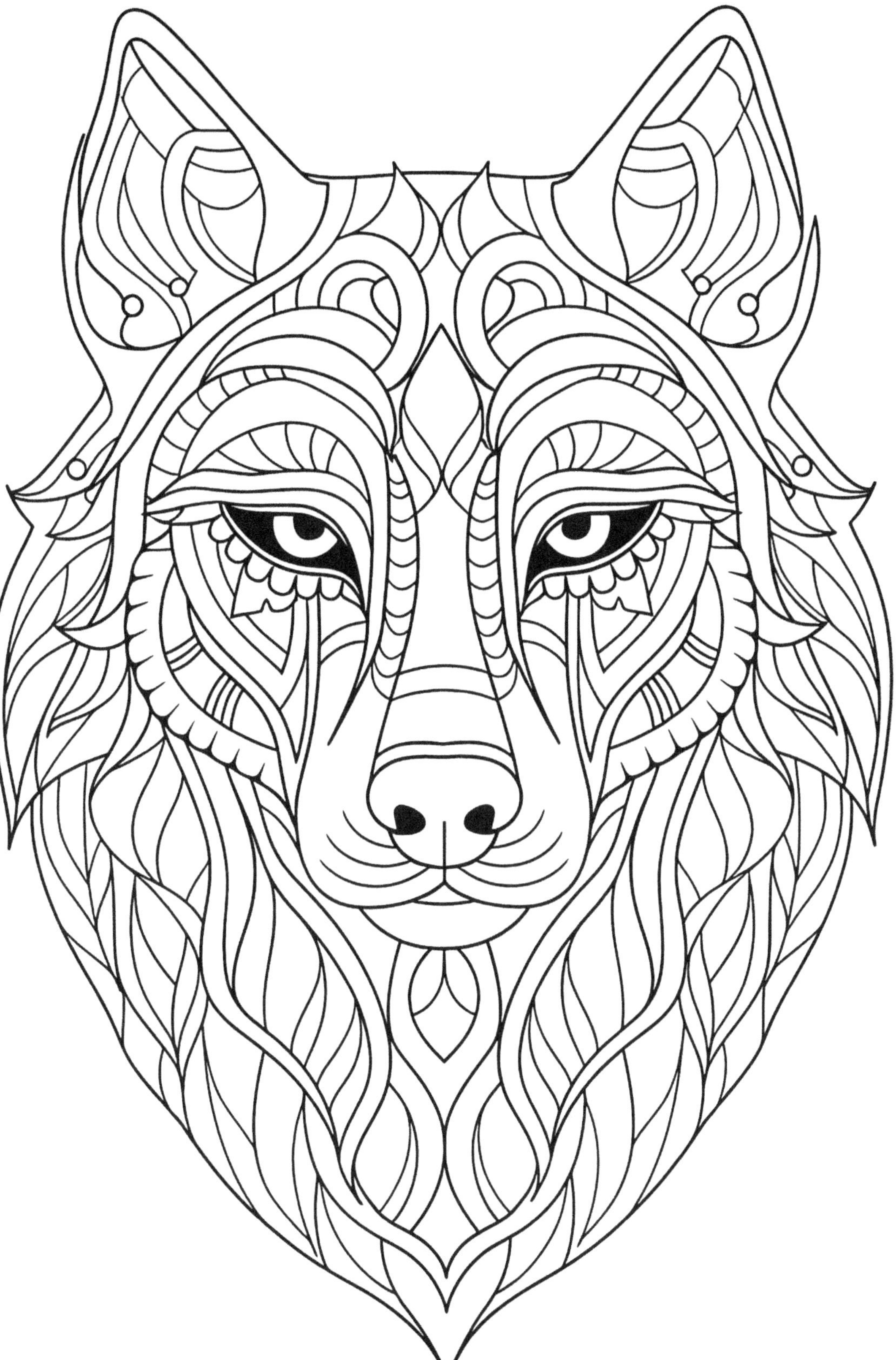

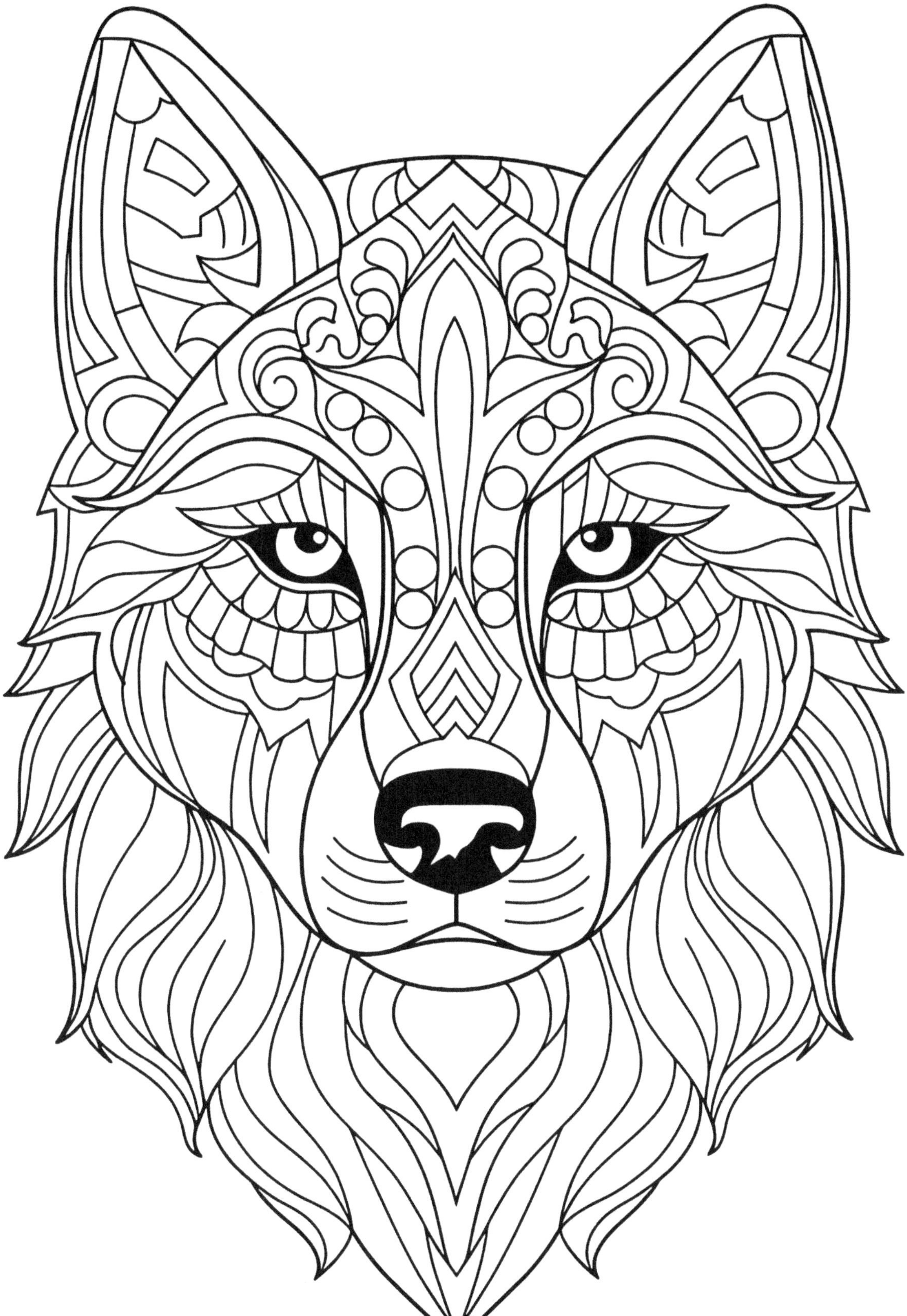

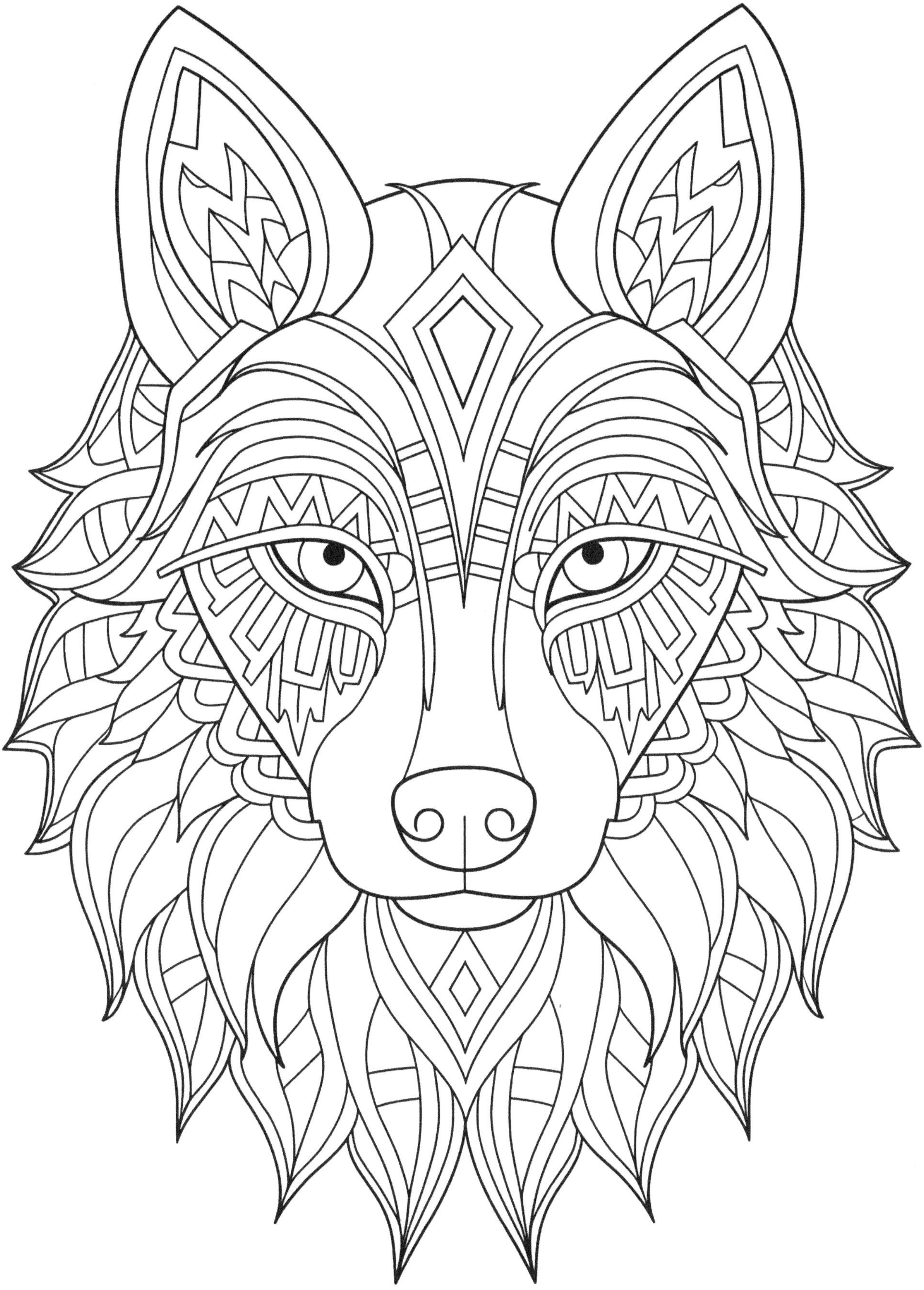

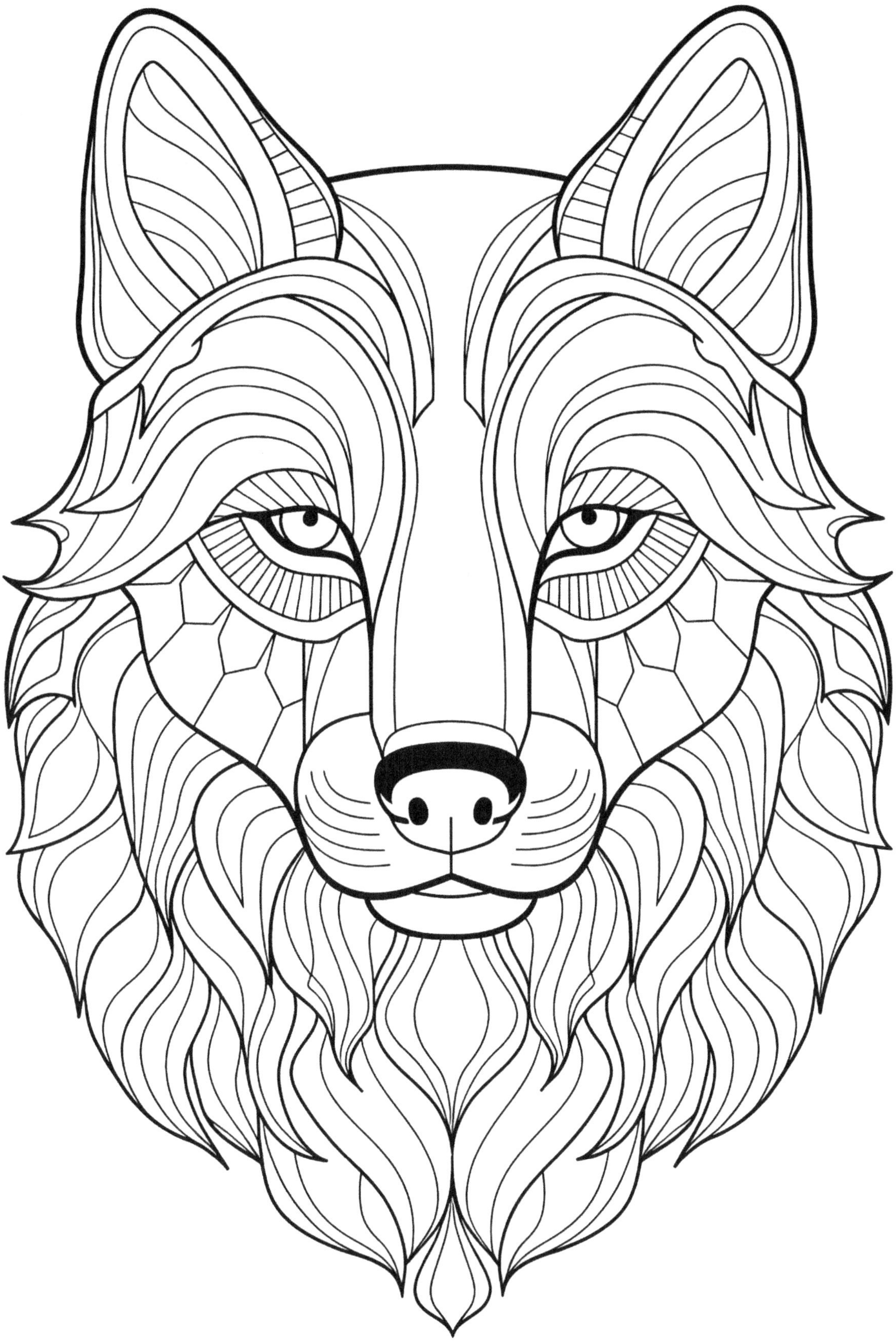

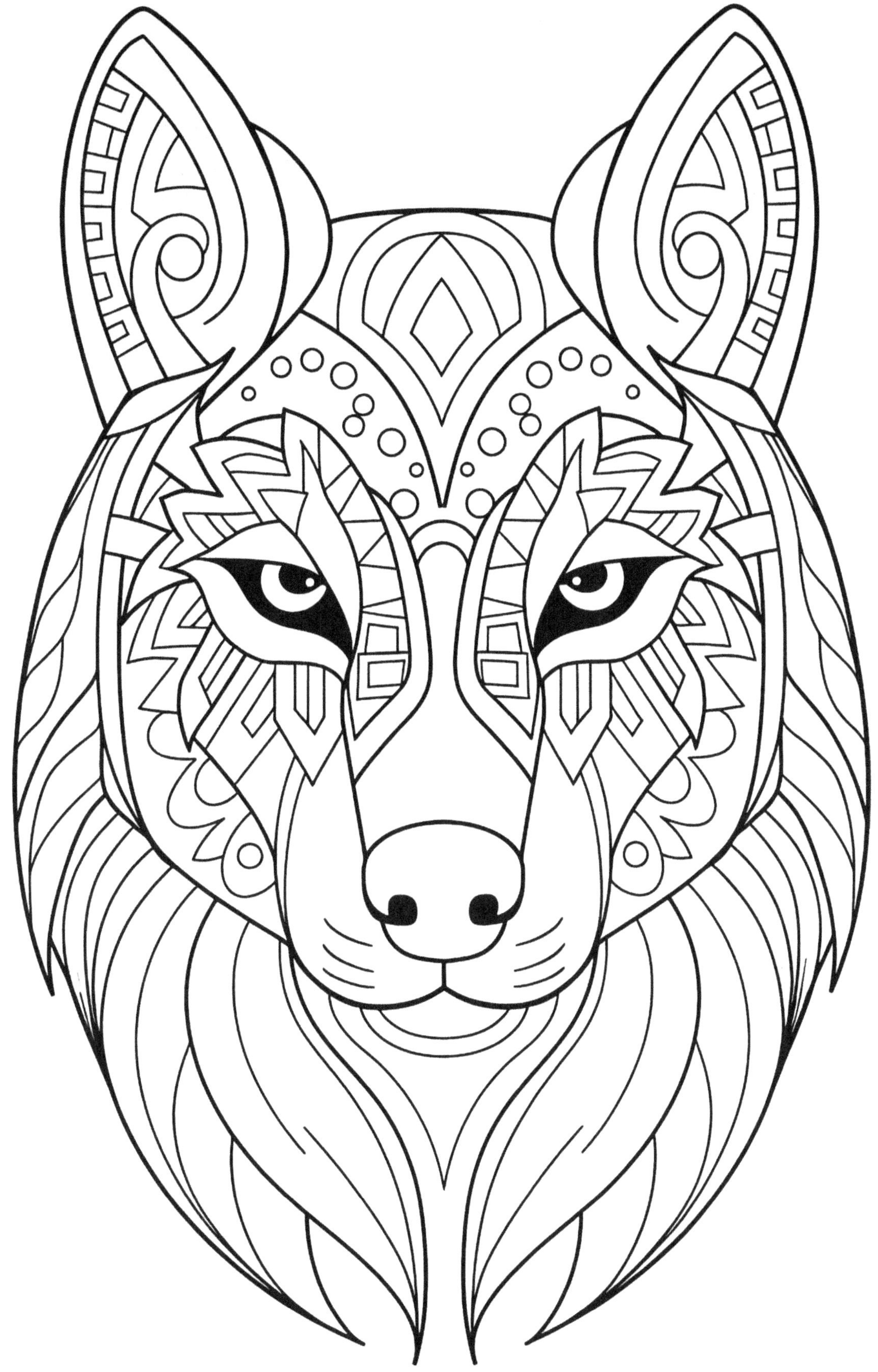

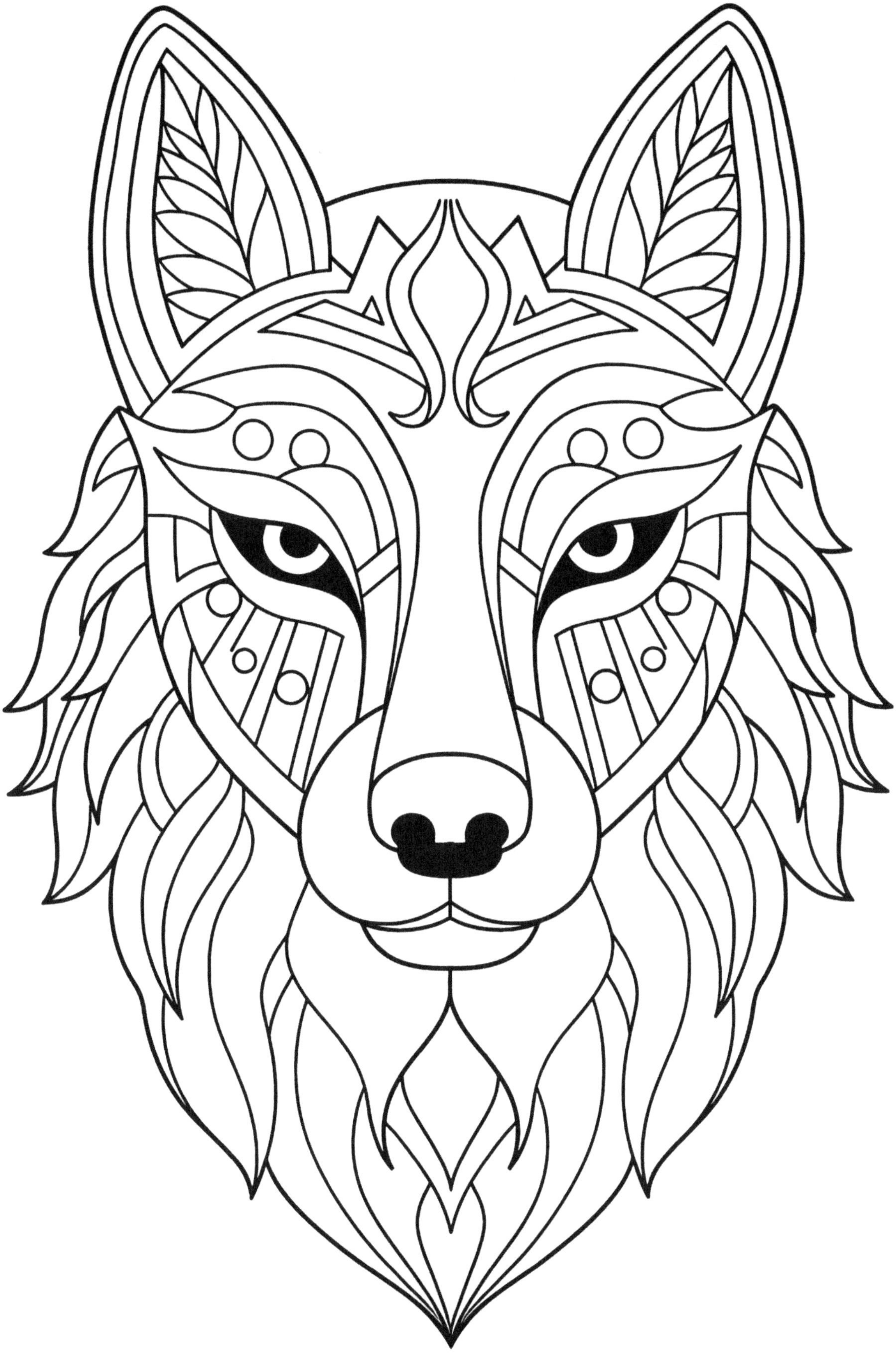

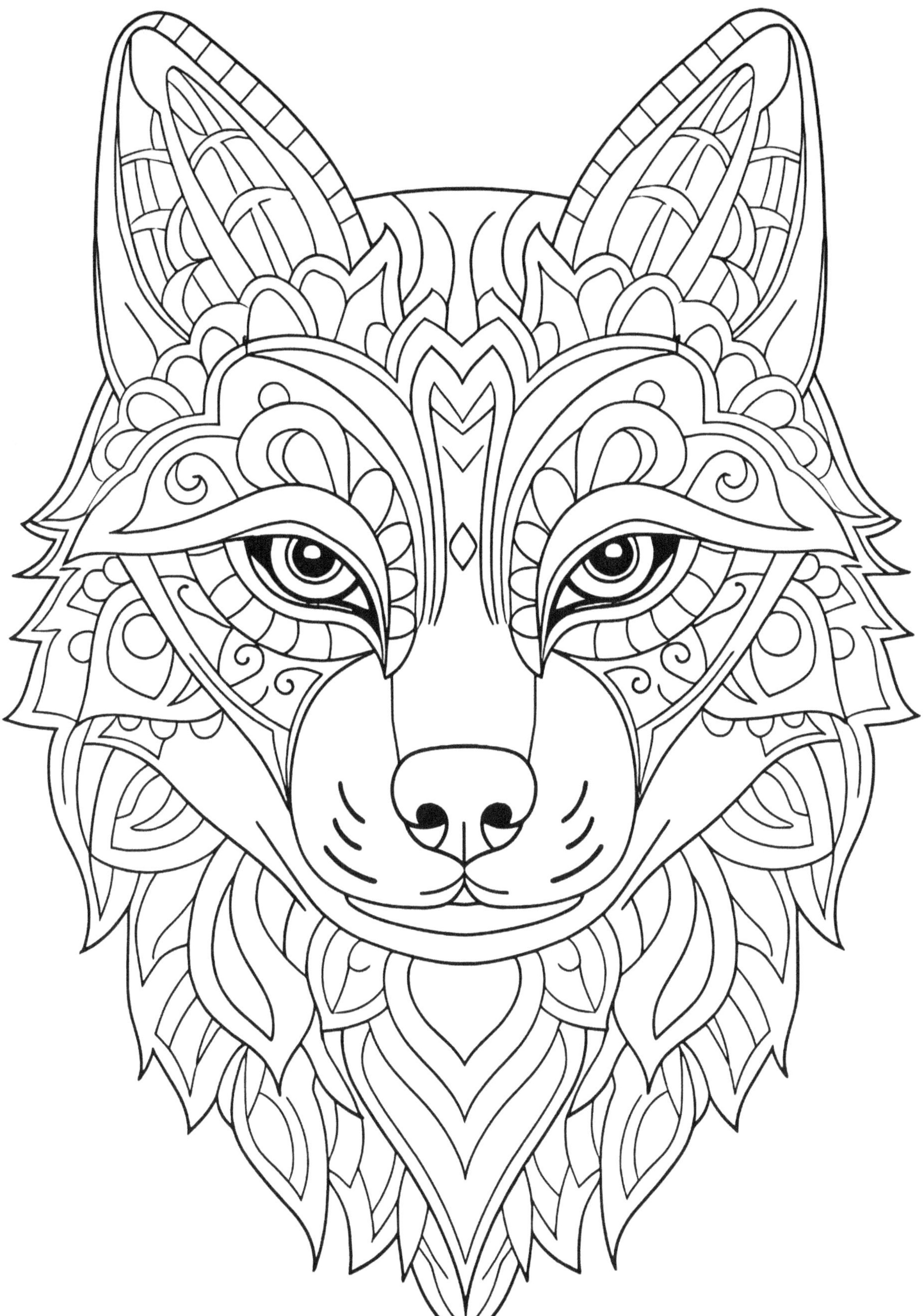

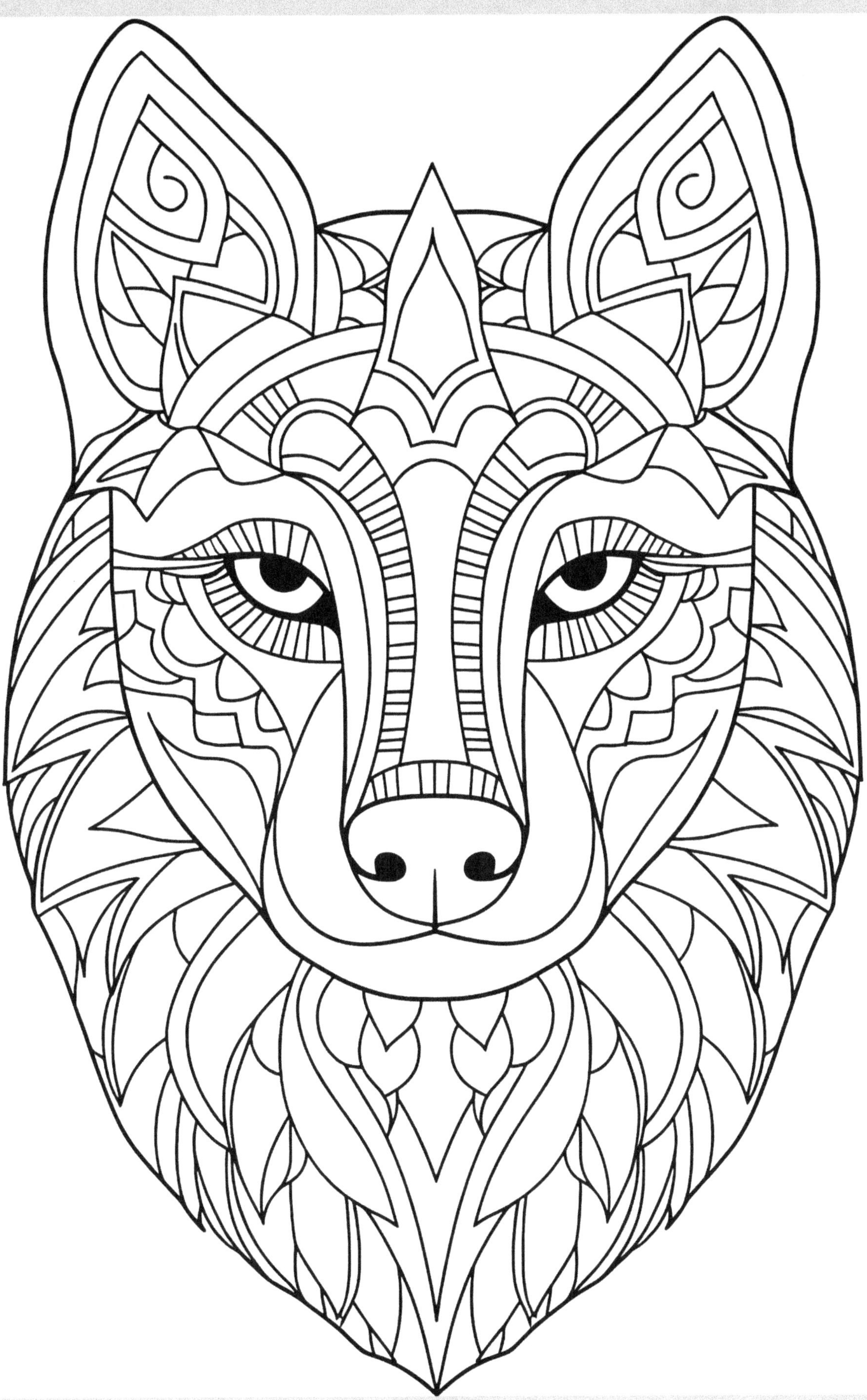

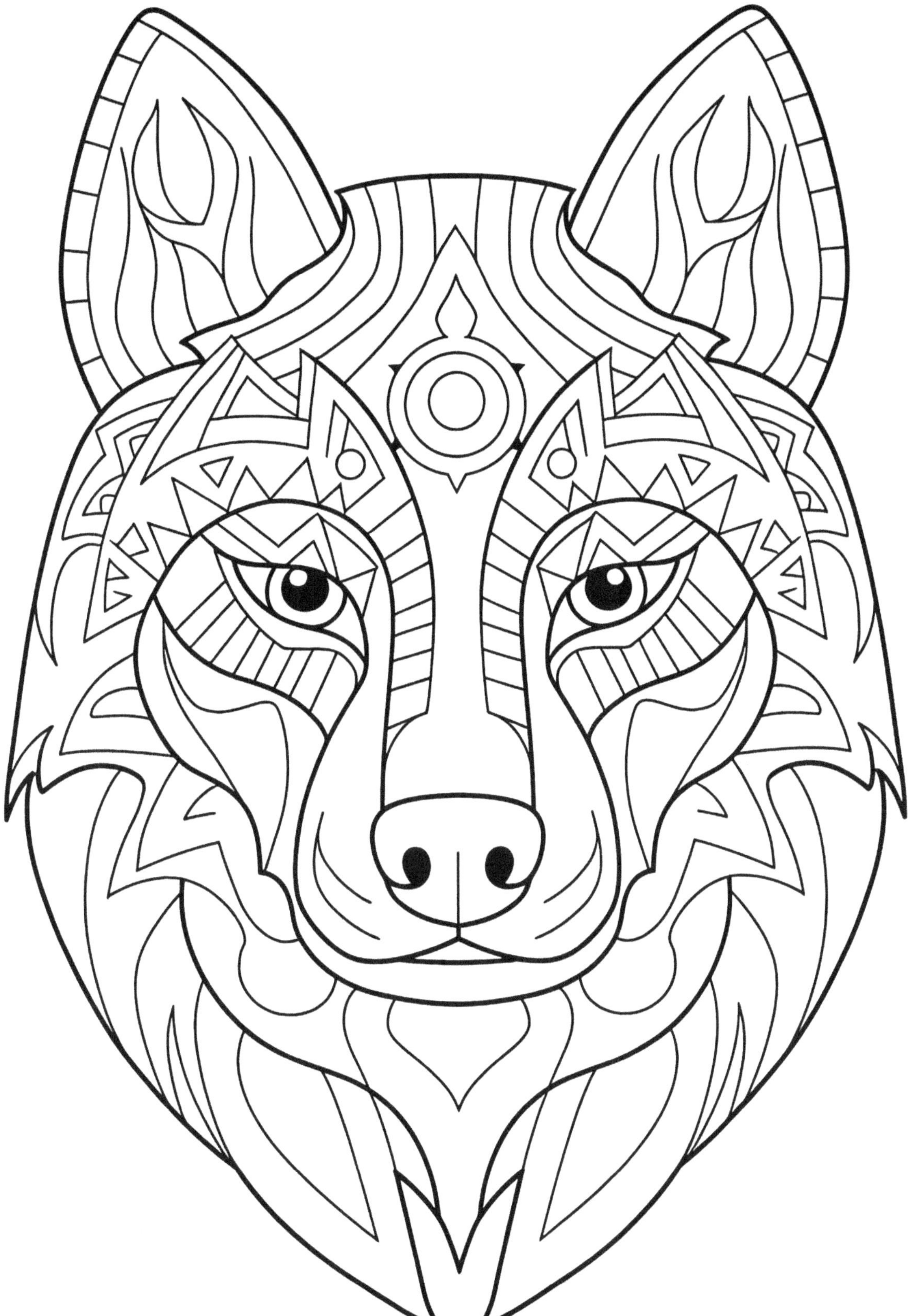

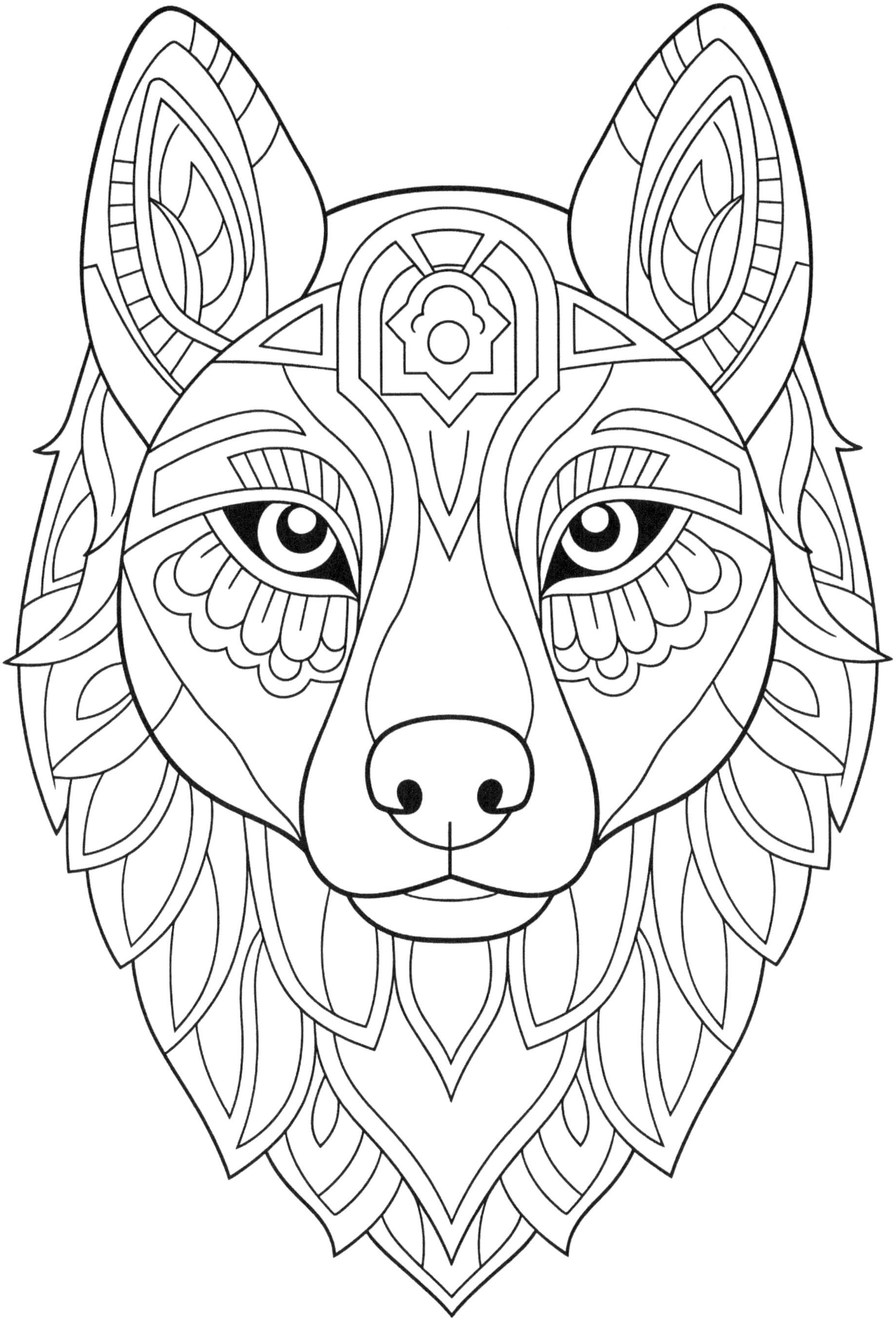

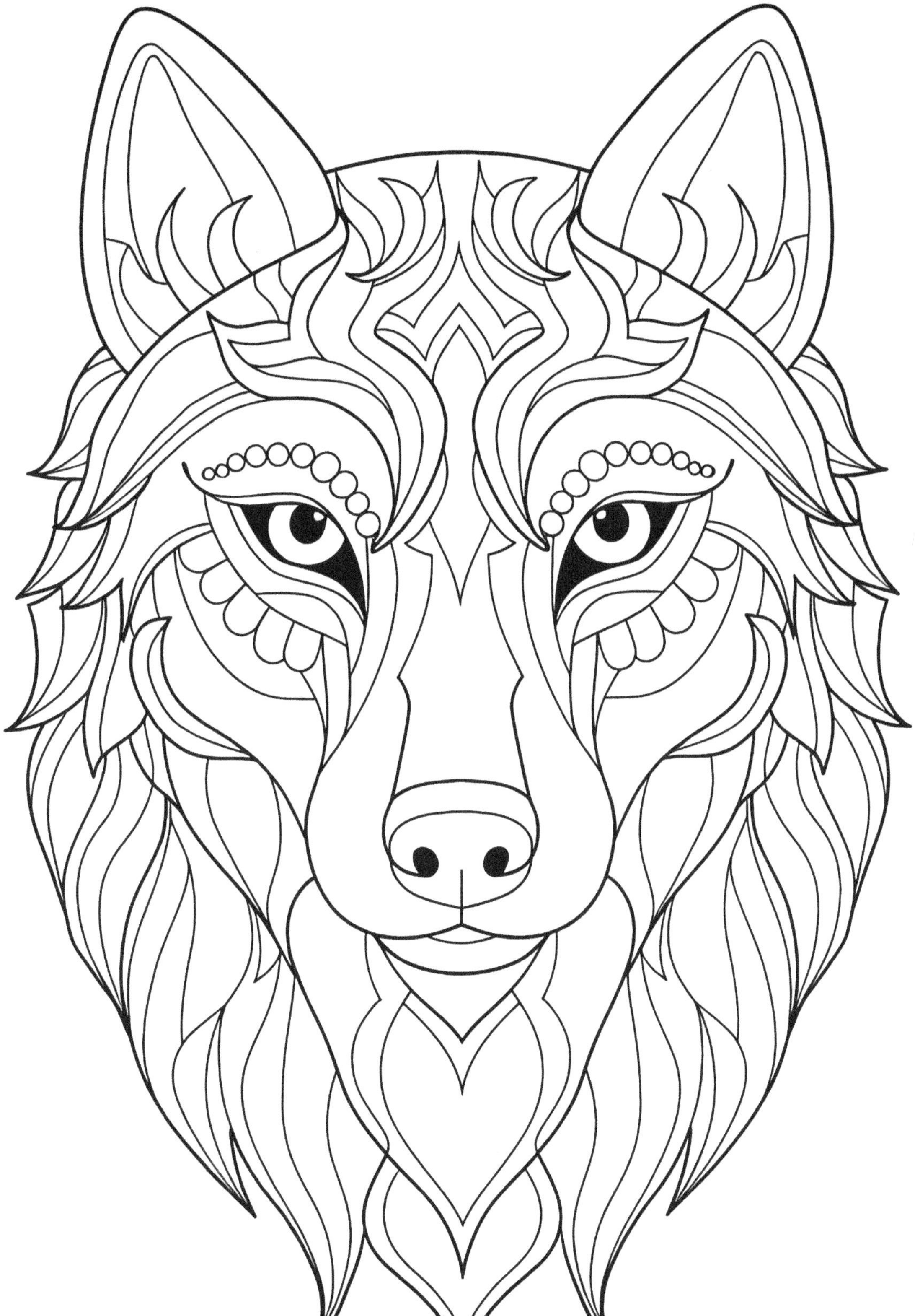

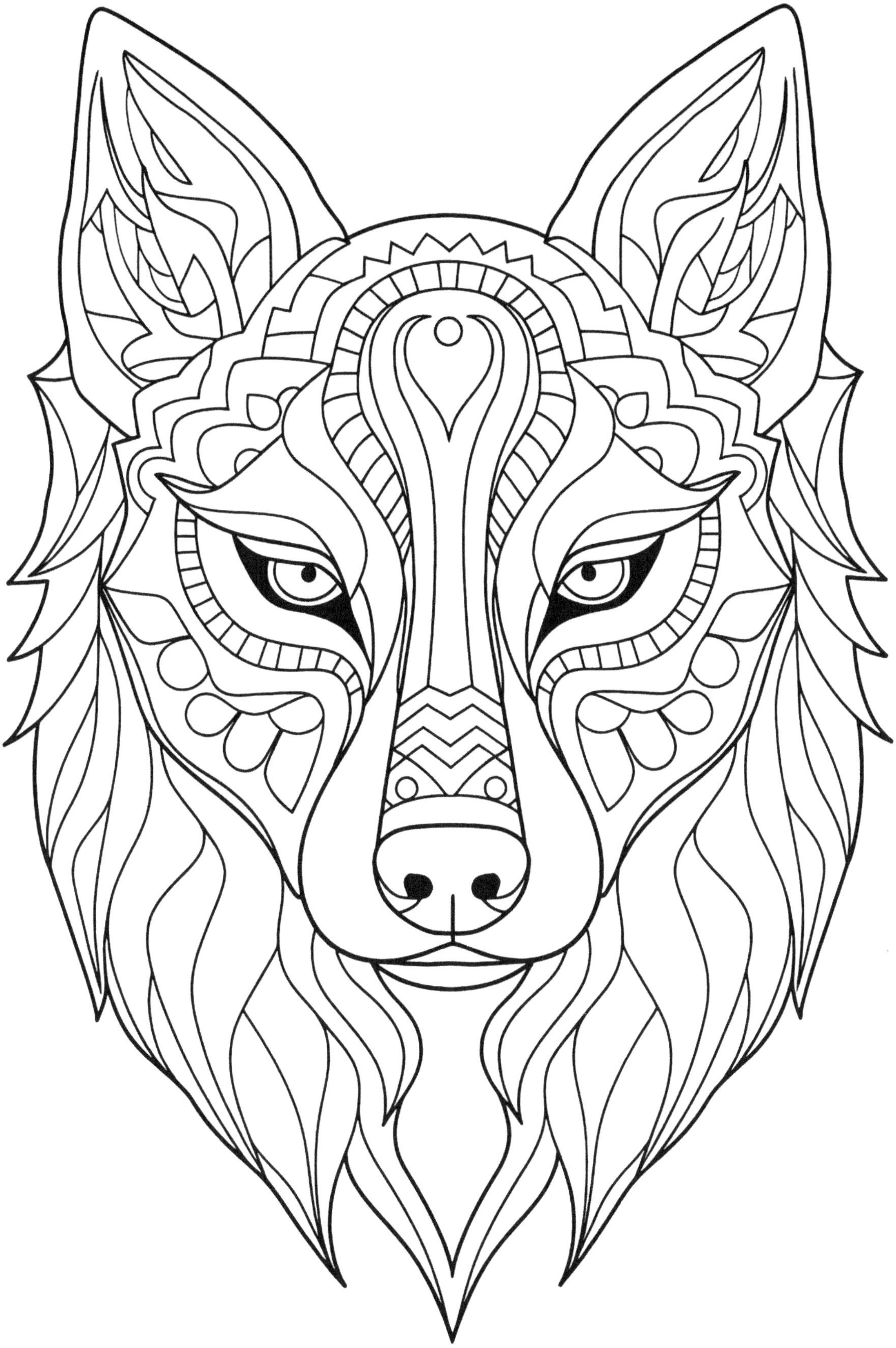

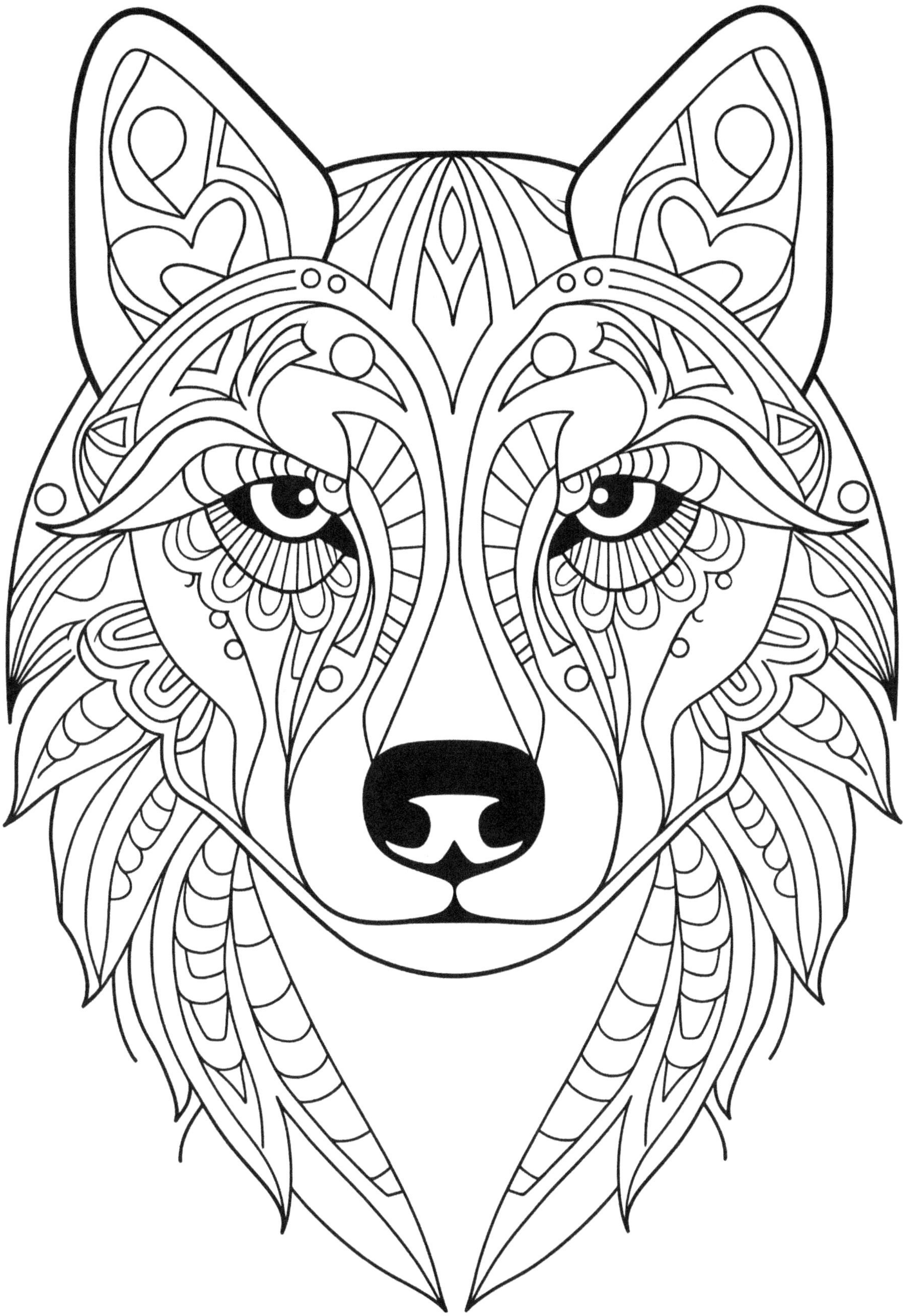

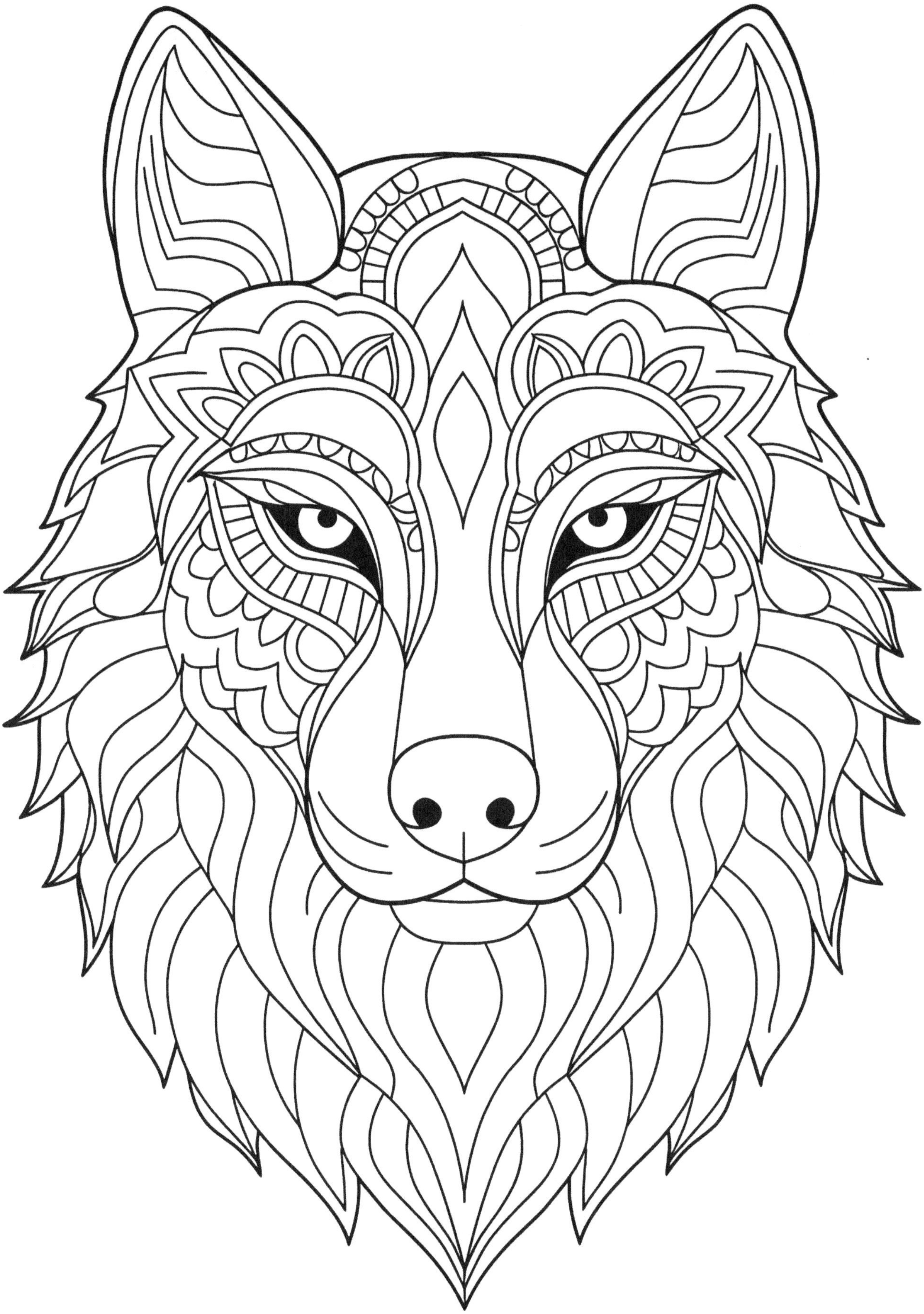

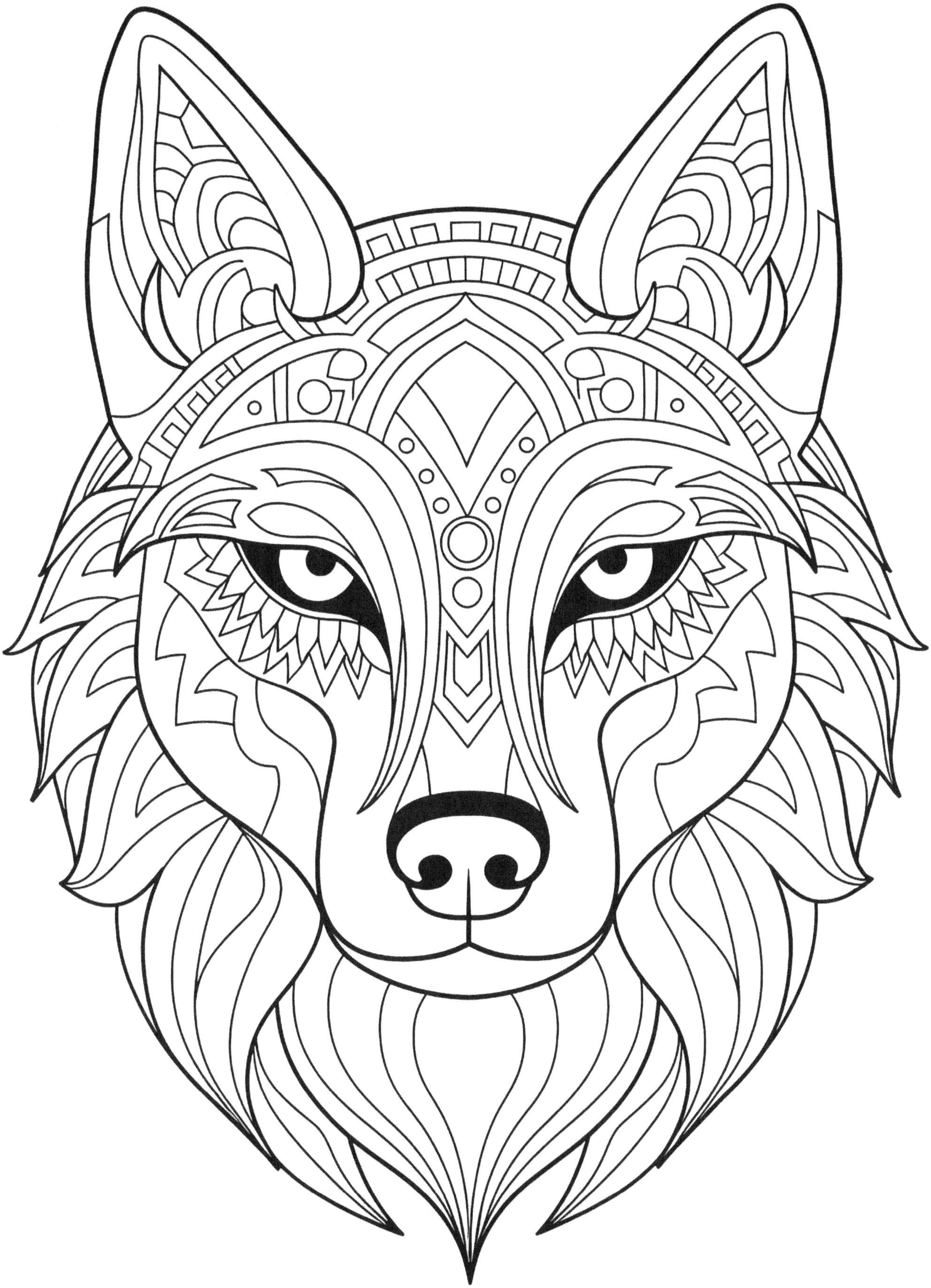

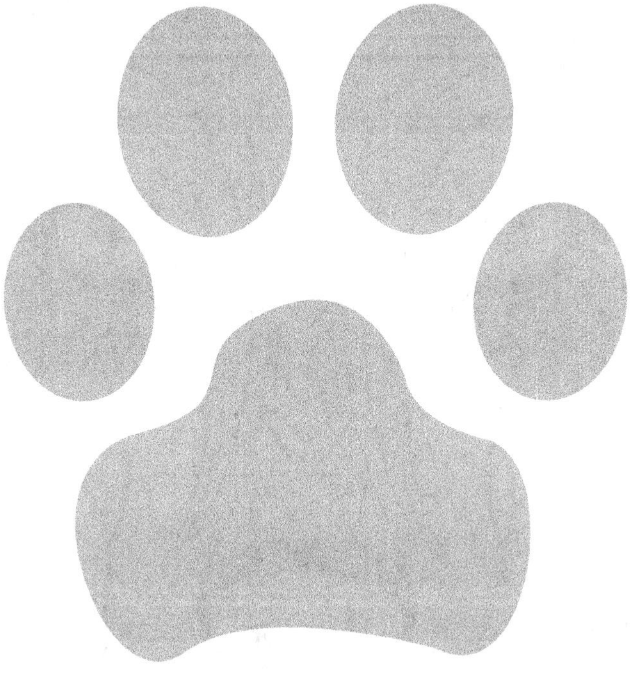

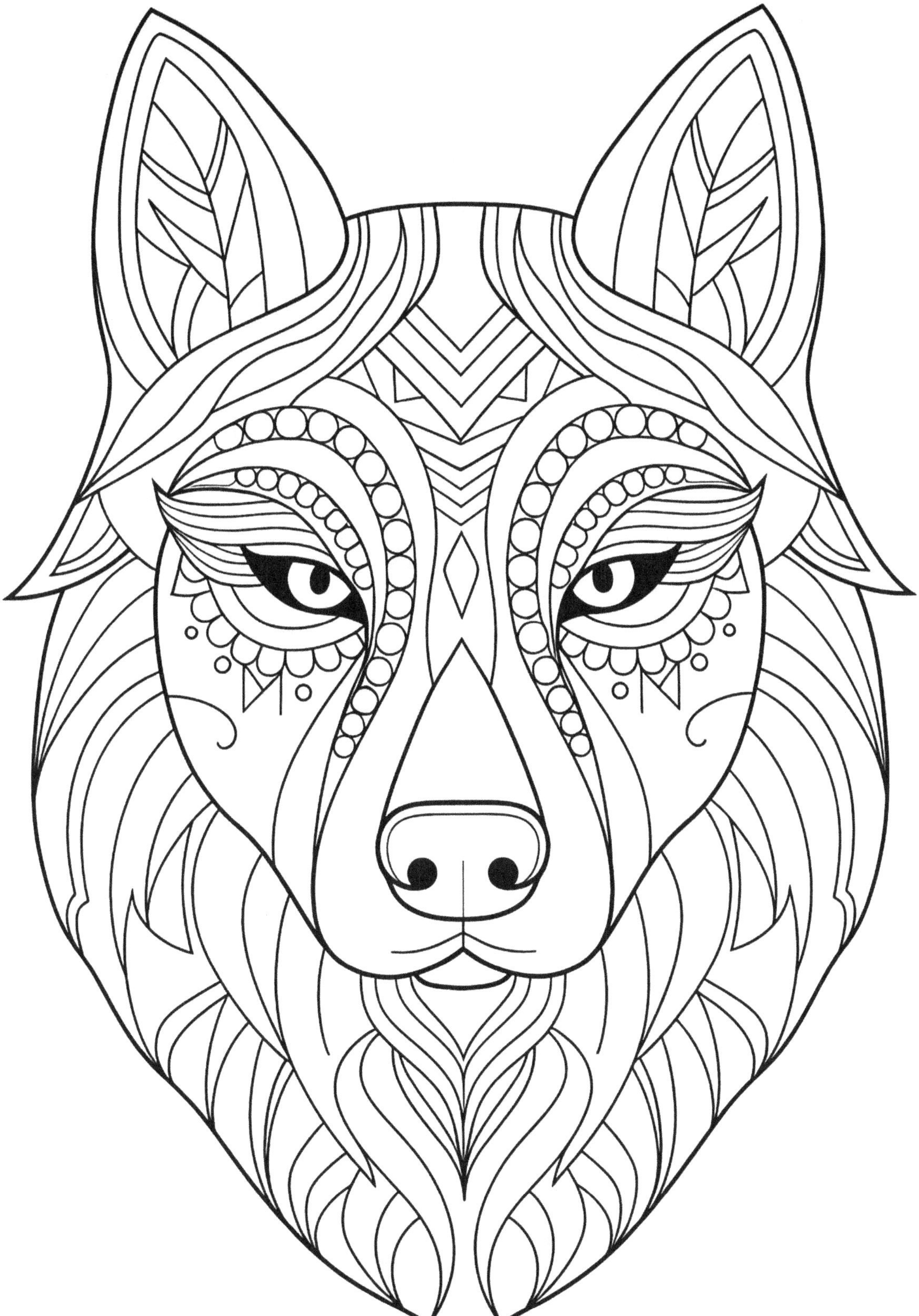

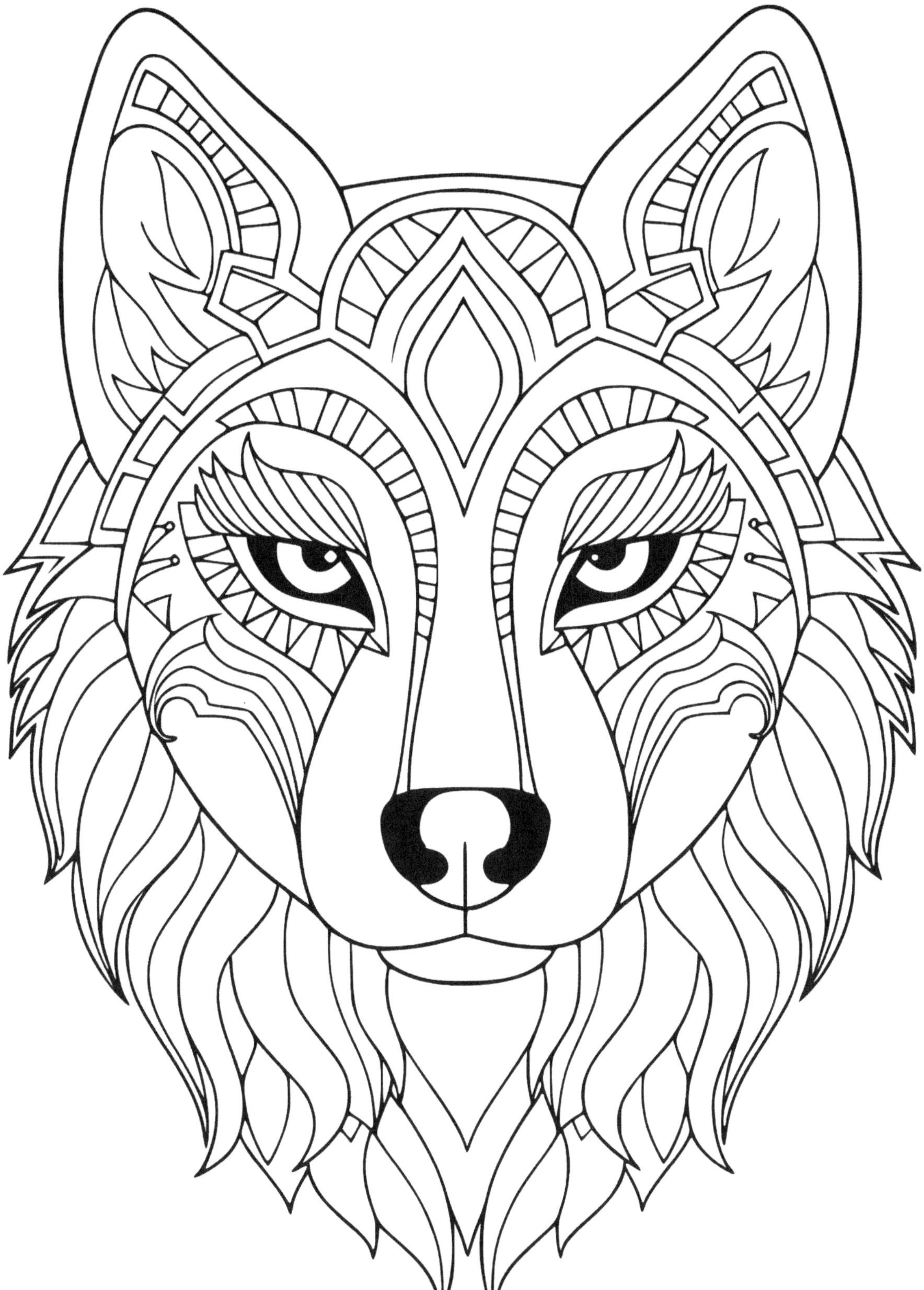

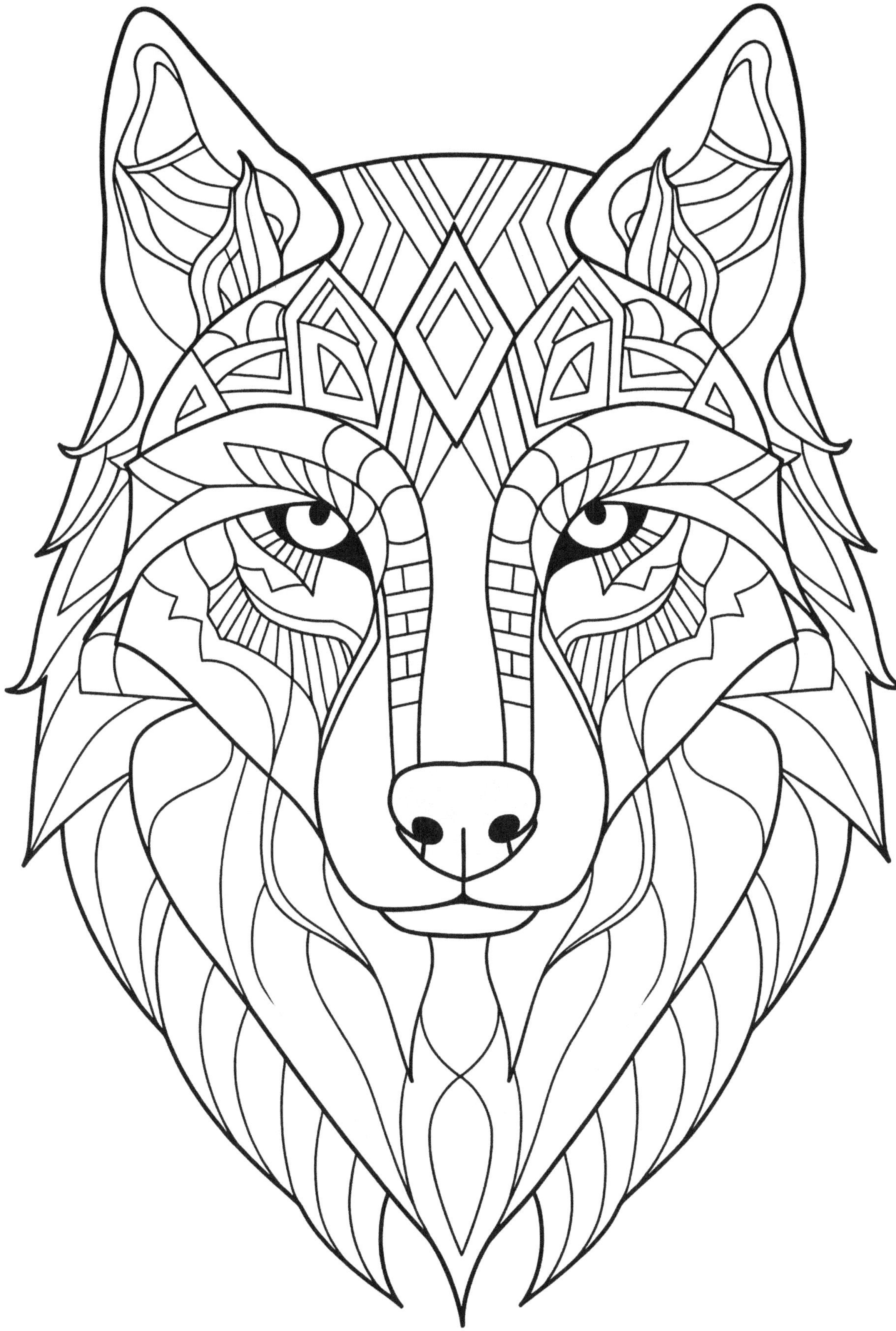

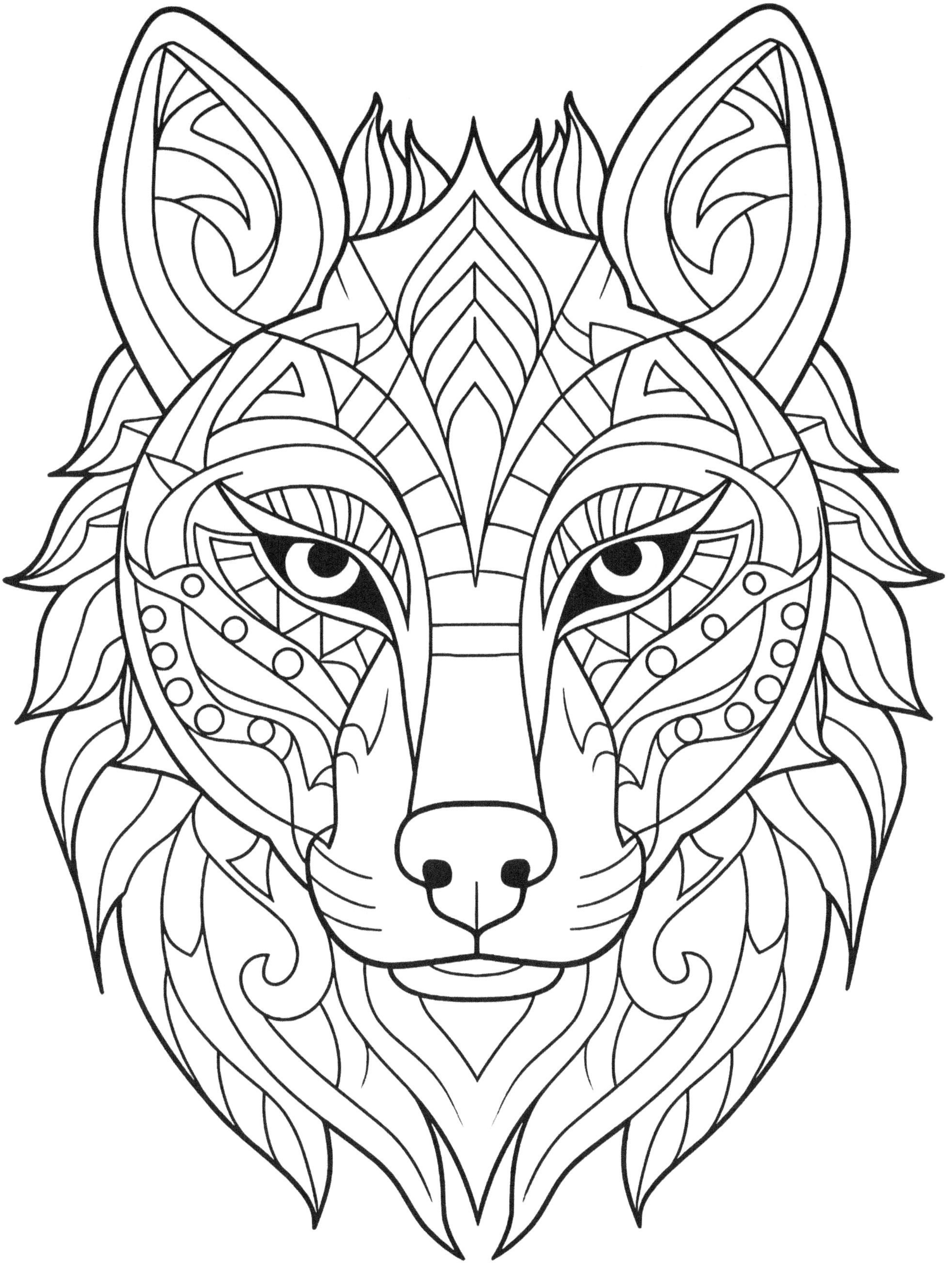

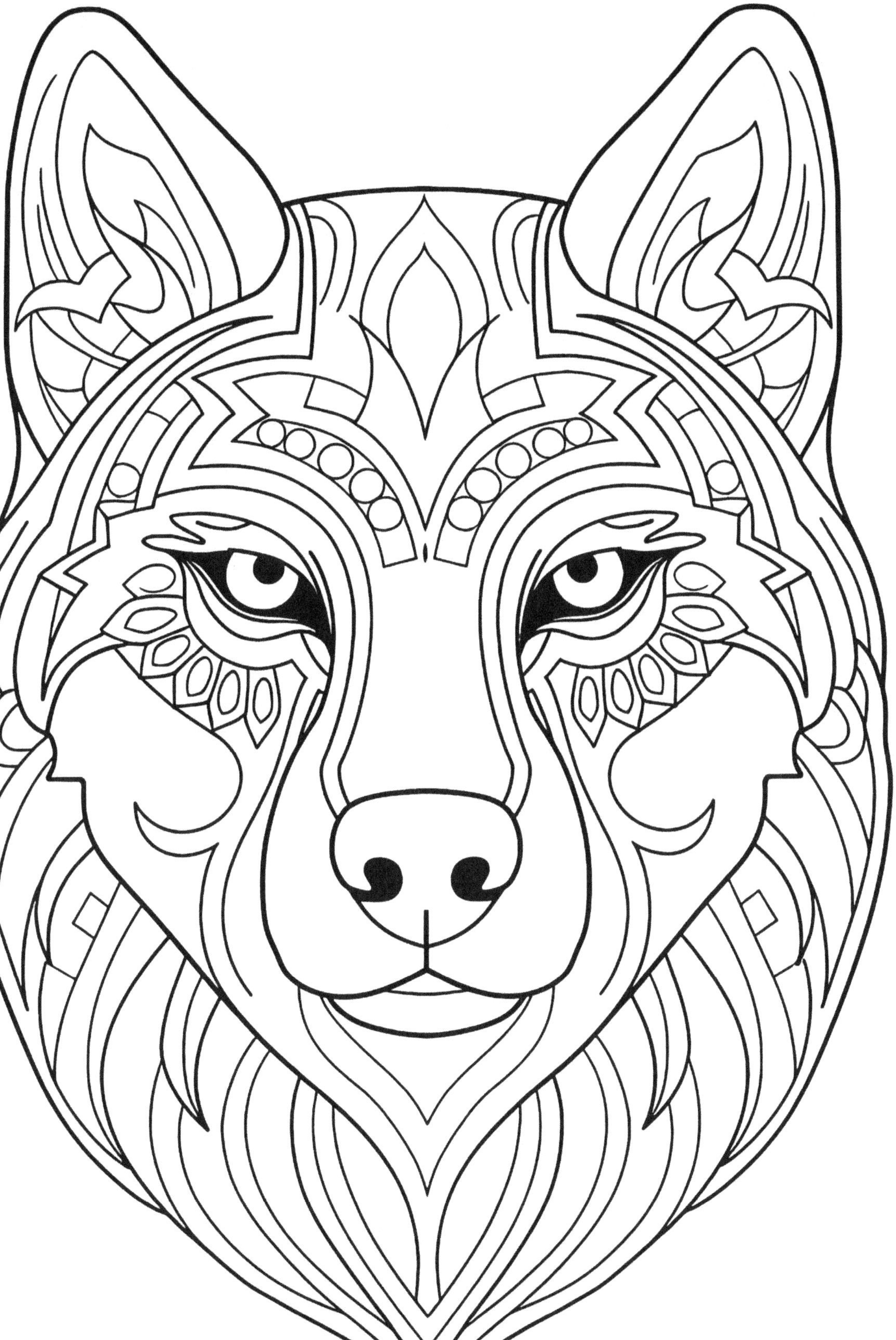

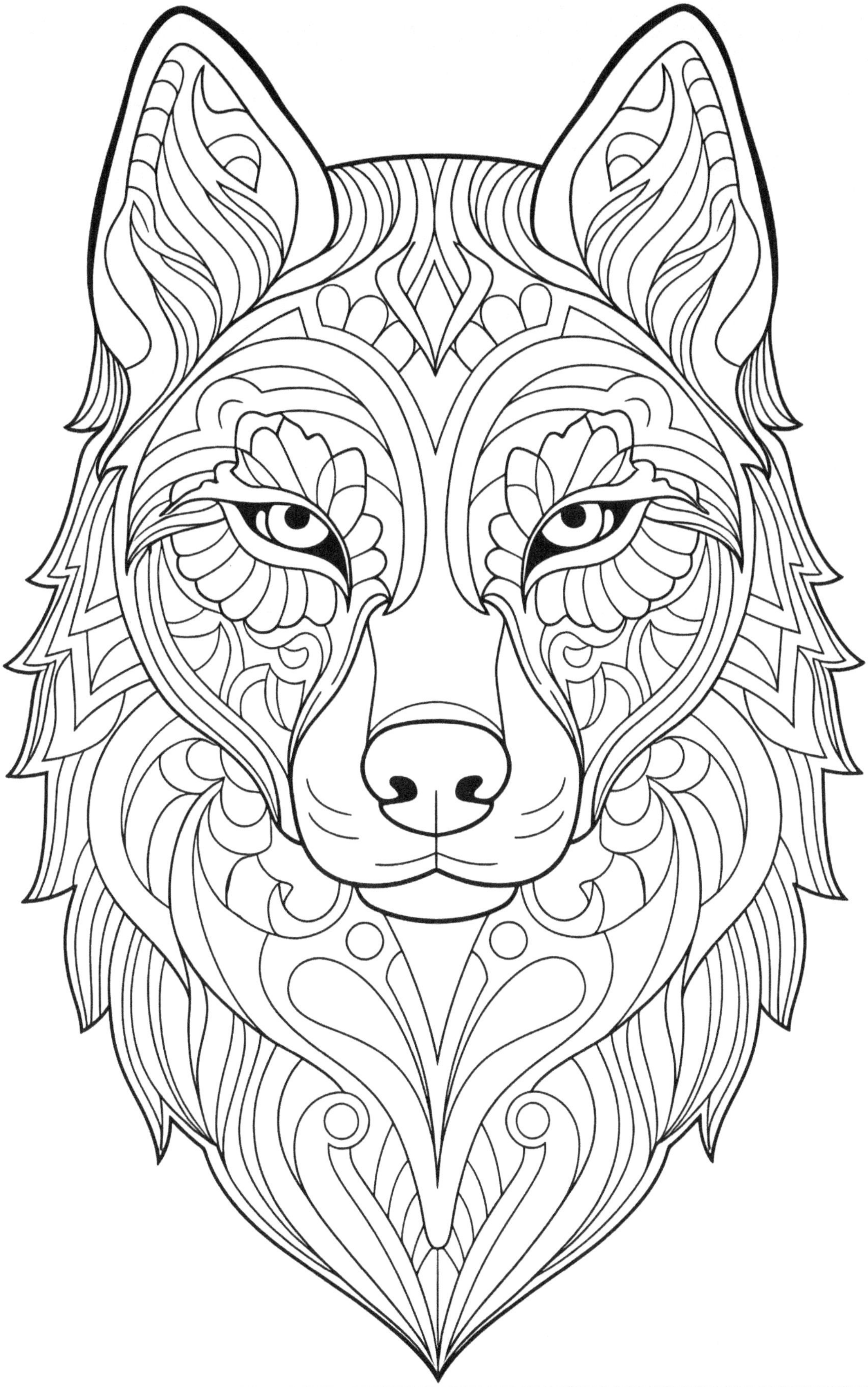

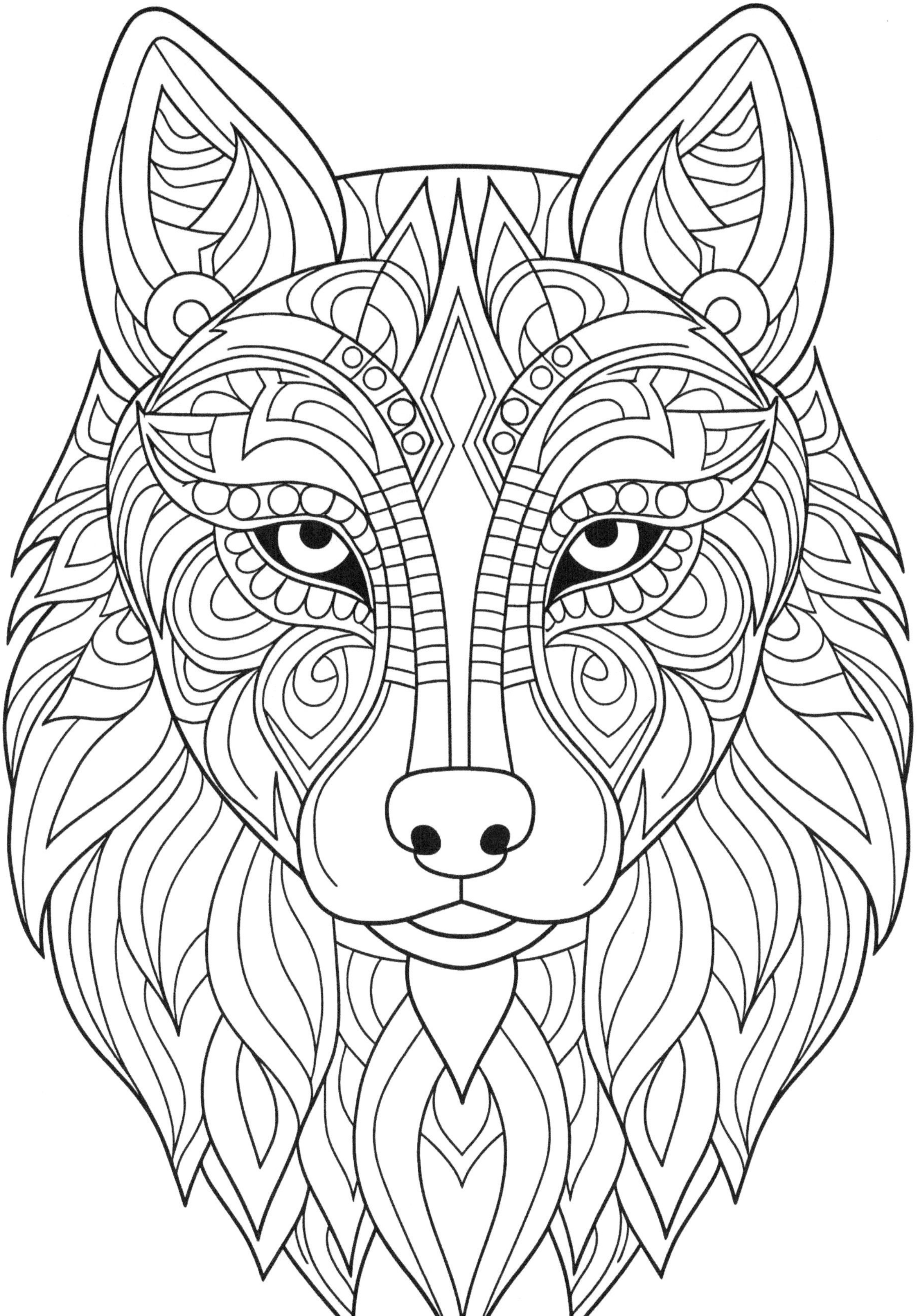

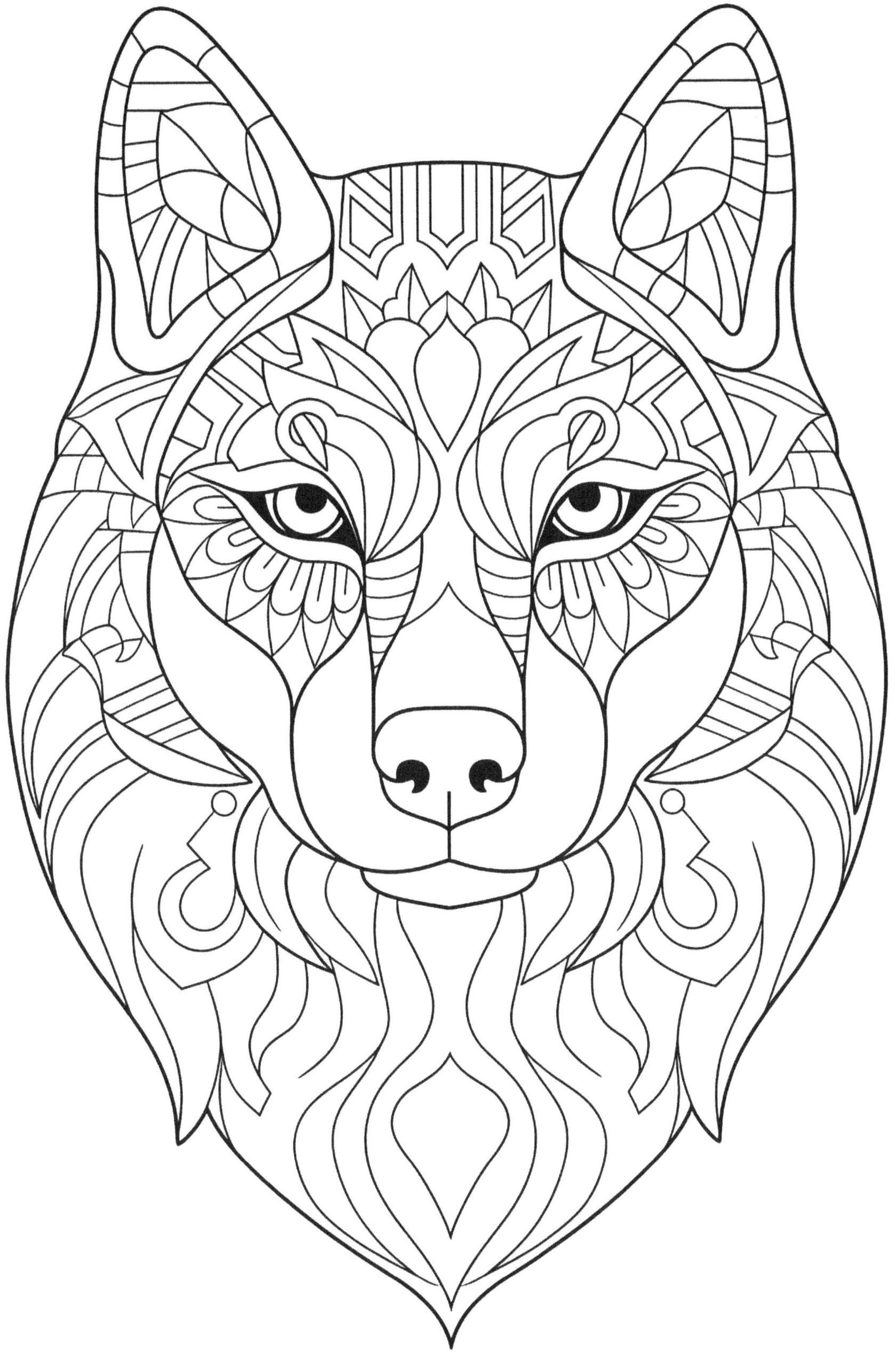

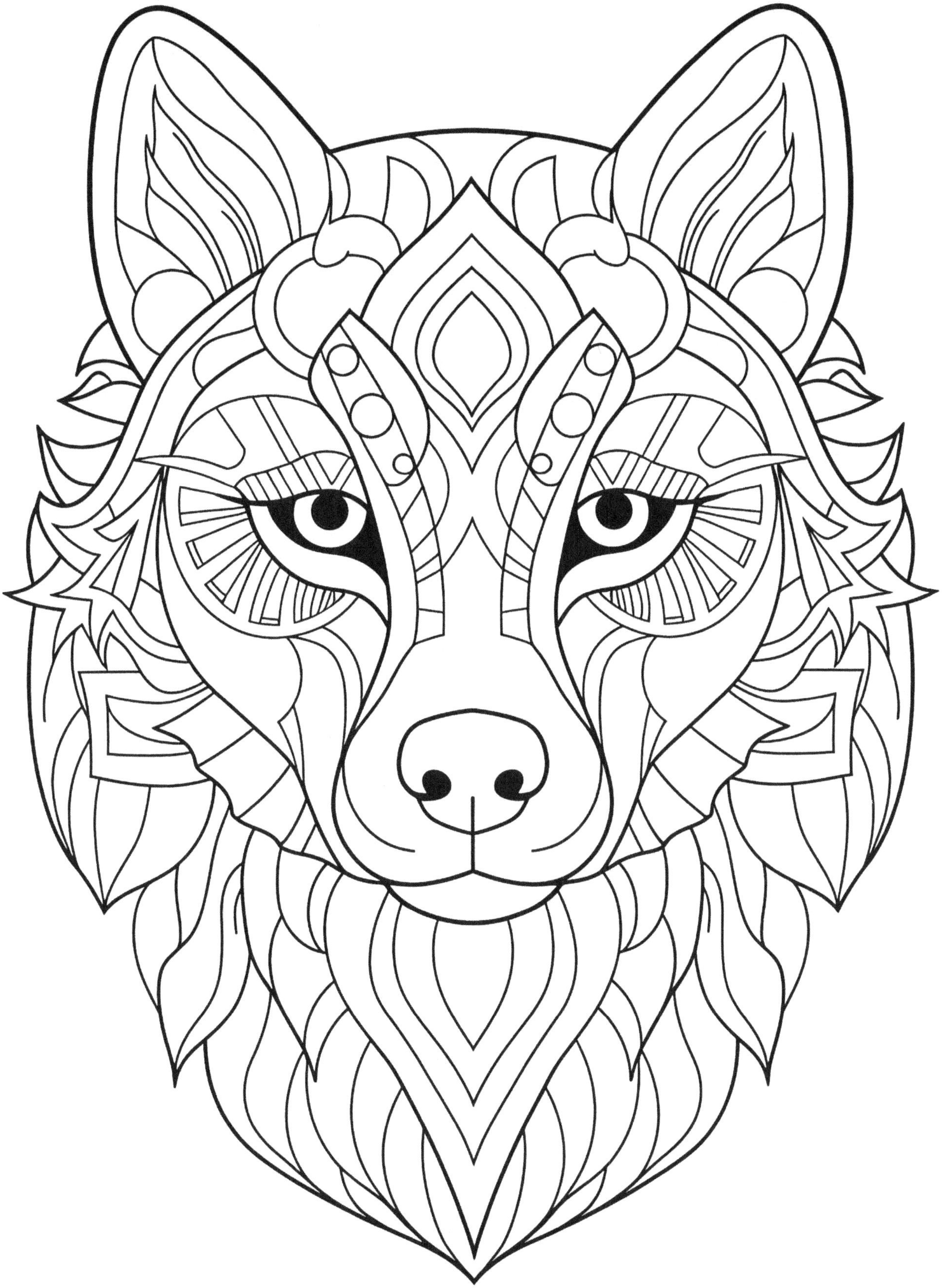

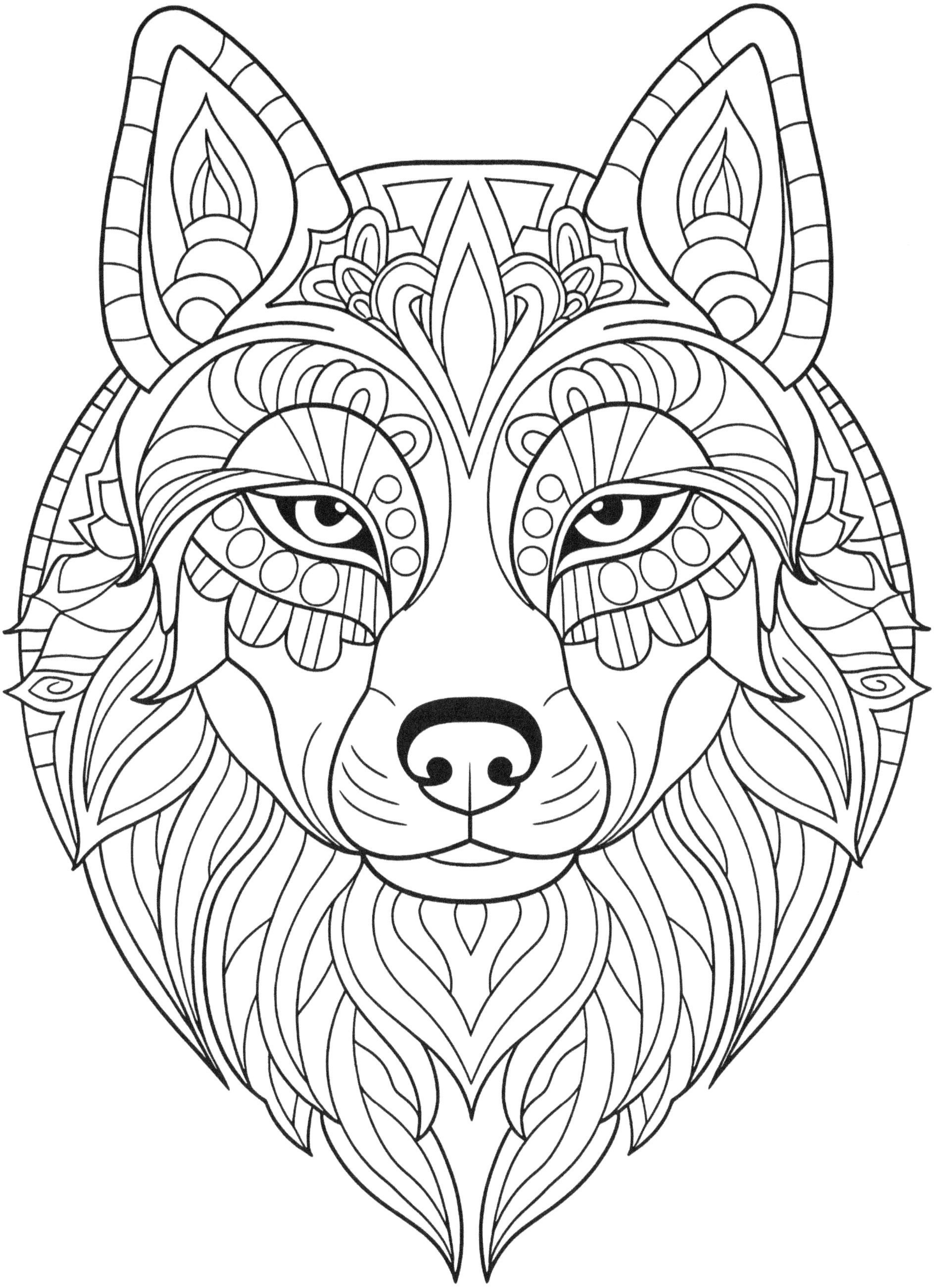

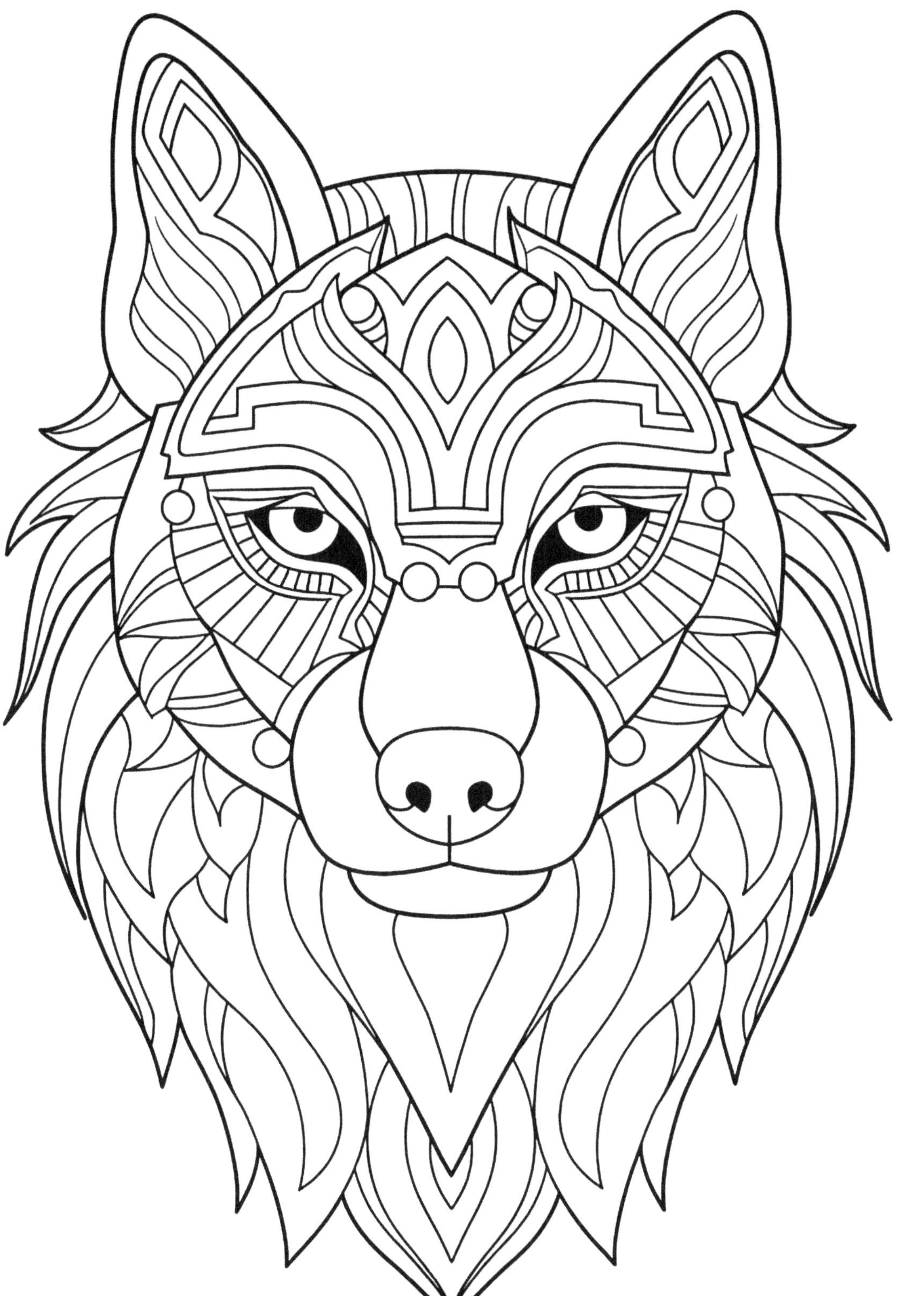

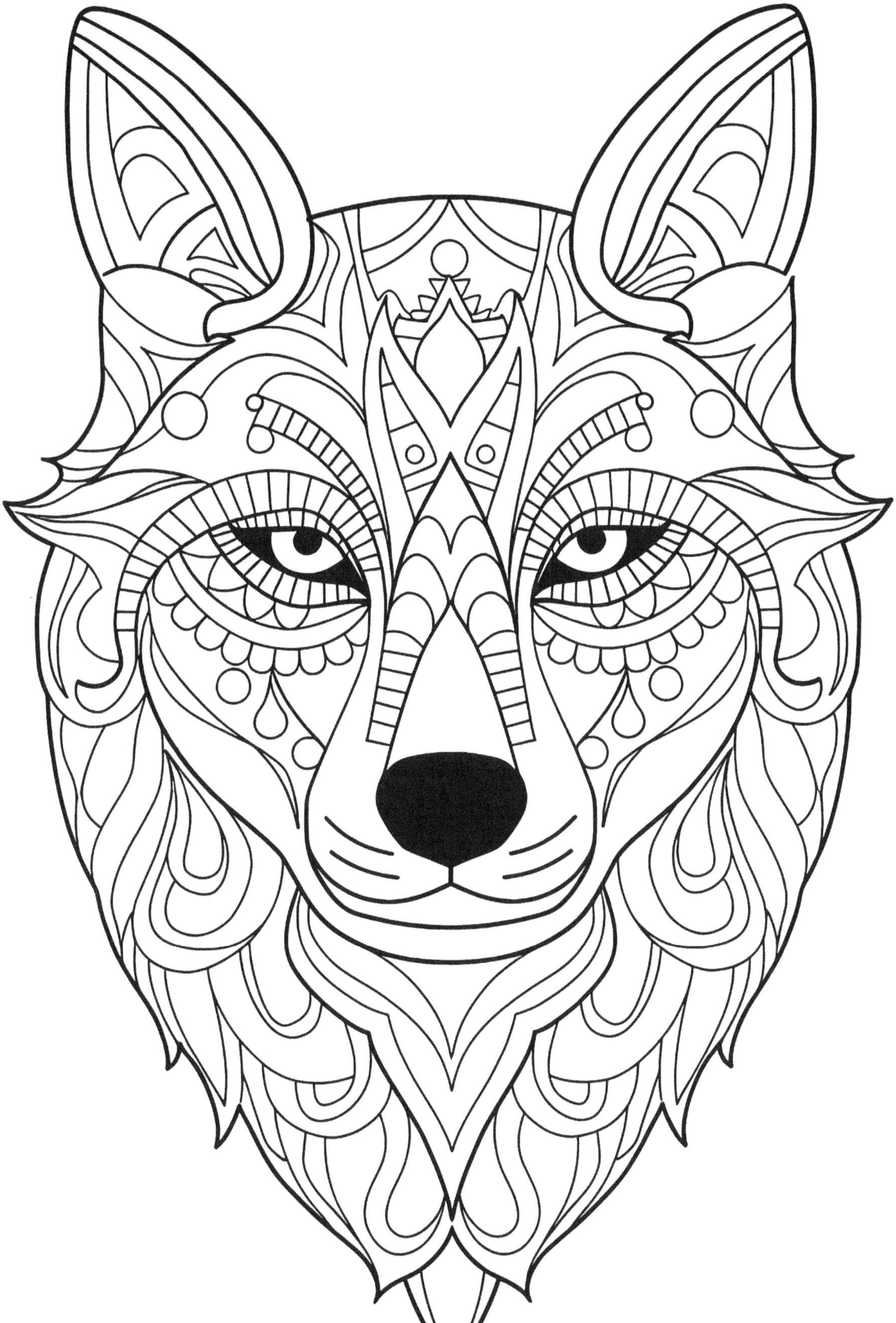

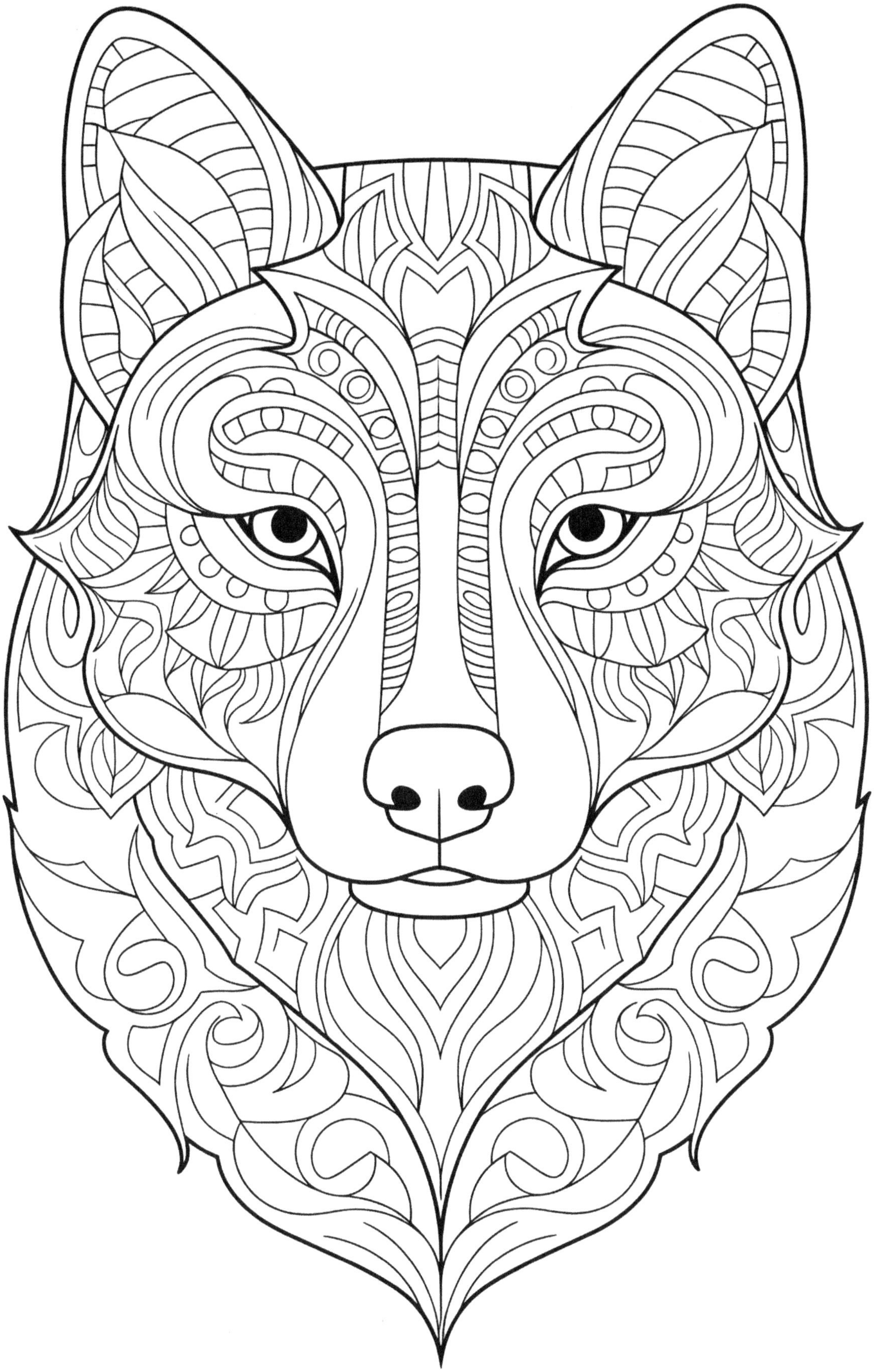

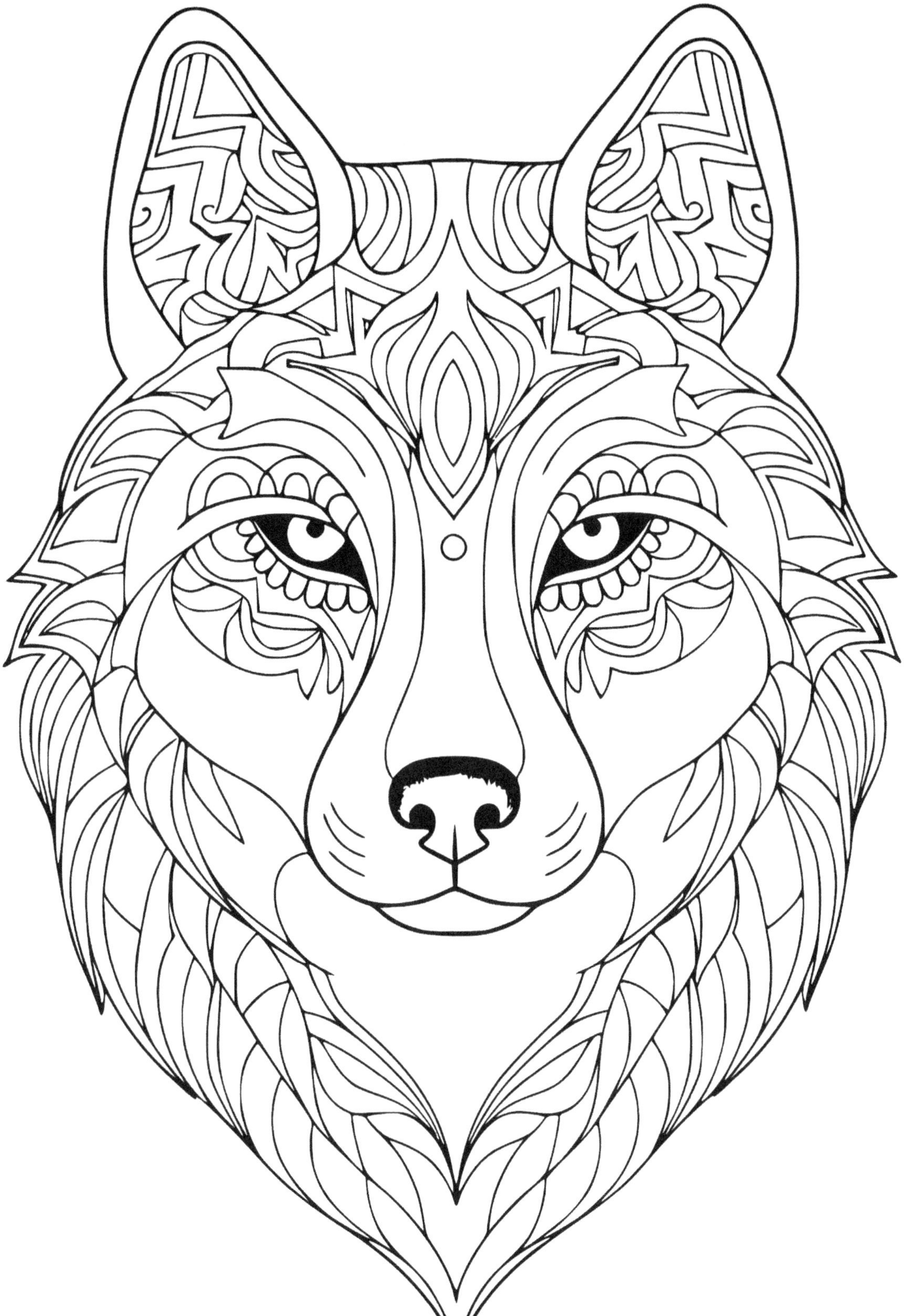

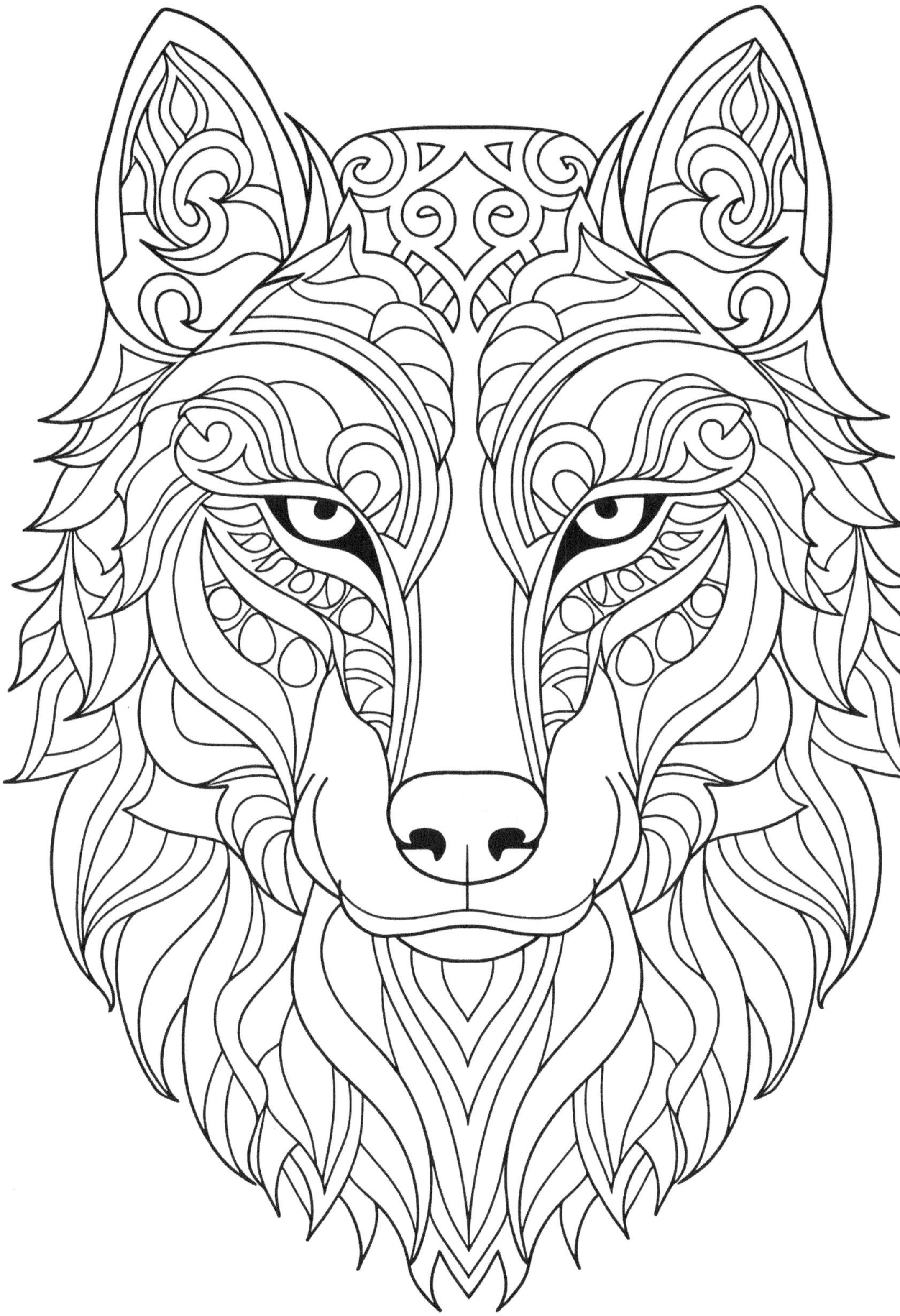

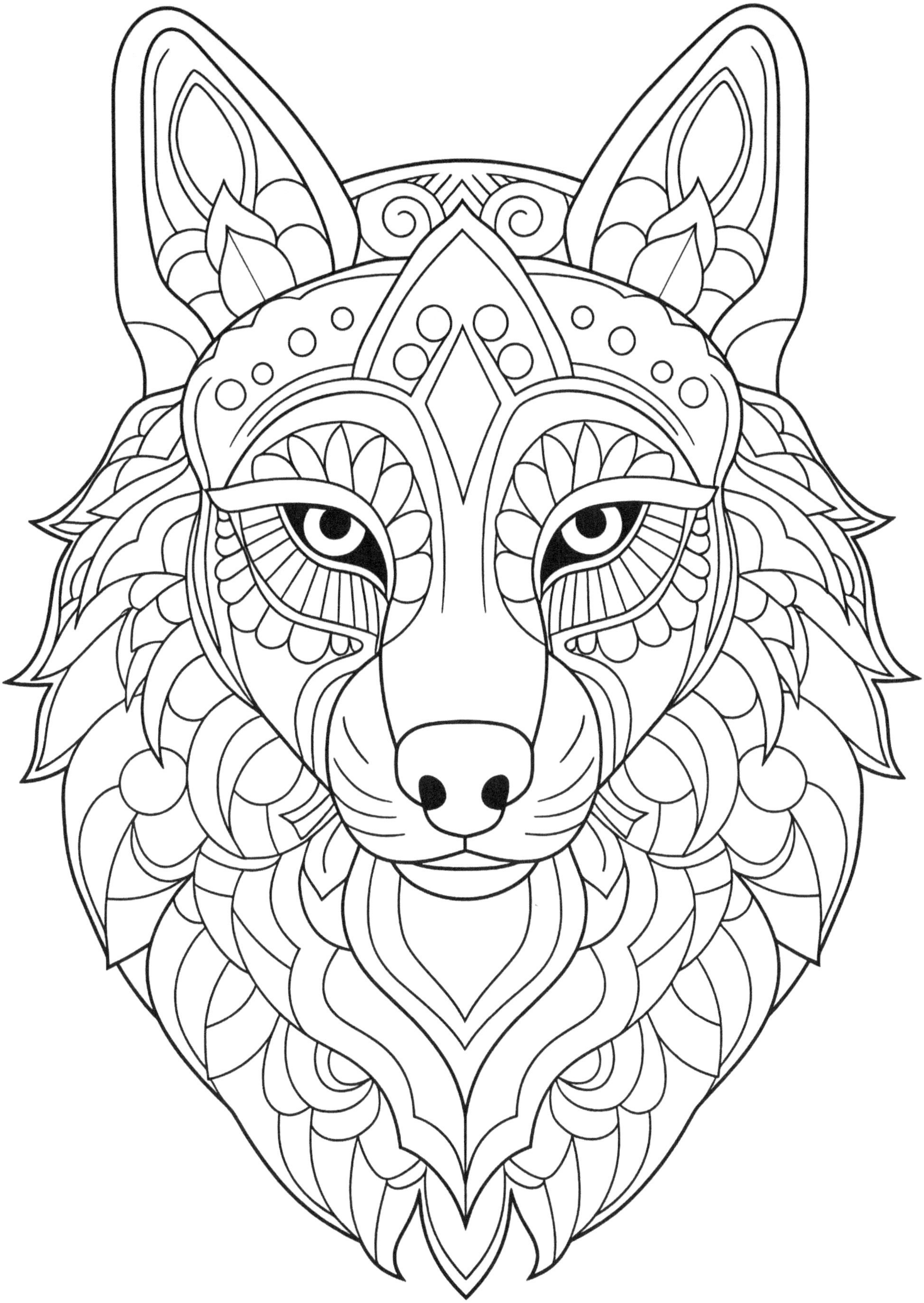

www.ingramcontent.com/pod-product-compliance
Lightning Source LLC
Chambersburg PA
CBHW082218290526
45794CB00009B/3593
* 9 7 9 8 8 7 0 4 8 0 5 7 2 *